십자가의 영성

최초 복음주의자들의 길

진 바이트 지음
엄 진 섭 옮김

컨콜디아사

THE SPIRITUALITY OF THE CROSS
The Way of the First Evangelicals

by Gene Edward Veith, Jr
Tr. by Jin Seop Eom

Originally published in the U.S.A.
under the title
Spirituality of the Cross
Copyright ©1999 Concordia Publishing House
3558 S. Jefferson, St. Louis, Missouri 63118

Concordia Press
Seoul, Korea

우리를 신앙의 길로 인도해주신
돈 키르호프 (Don Kirchhoff) 목사님께
바칩니다

목 차

서문: 최초 복음주의자들 / 7

제1장 믿음으로 의롭게 됨: 죄와 은총의 역동성 / 17

제2장 은총의 수단: 하나님의 임재 / 33

제3장 십자가의 신학: 숨으시는 하나님 / 63

제4장 소명: 일상생활의 영성 / 83

제5장 두 왕국 안에서 살기: 거룩함과 속됨 / 109

제6장 결론: 하나님께 예배드리기 / 129

부록: 최초 복음주의자들과 타 교파들 / 139
      추가적 연구를 위한 자료들 / 153

서 문

최초 복음주의자들

우리 중 많은 이들은 그것이 무엇을 의미하는지에 대해 늘 명료하게 알지는 못하지만, 어떤 영적인 삶을 추구한다. 우리는 어떤 초월적인 느낌을 동경하다가도 항상 지상으로 추락해버린다. 각양각색의 신비주의는 지적인 계몽과 영적인 능력을 장황하게 약속하지만 영원히 행복하게 살 수 있는 삶이란 없다. 이 땅의 삶이 방해한다. 일, 가정사의 압박, 실질적인 책임, 마음의 상처, 실패 — 이 모든 것들이 제각기 영적인 분위기를 깨뜨린다.

교회는 영적인 실재의 관리자인 것처럼 보이지만 그다지 영적으로 보이지 않을 때도 종종 있다. 교회 역시 종종 현세적으로 보인다. 모든 설교자들, 회중석에 앉아 있기, 애찬에 참가하는 것이 극히 일상적으로 보일 수 있다. 영성이란 좀 더 극적인 것이 되어야 하지 않을까 하고 우리는 생각할 수 있다.

이것은 최소한 나의 경험이었다. 내 생애의 여러 다른 시점에서 나는 자유주의 신학을 수용하면서, 사회정의에 대해 진보적이고 혁신적인 것은 무엇이든 다 받아들였다. 나는 또한 날뛰면서 기적을 기대하는 근본주의자이기도 했다. 그러나 나의 자유주의는 영적으로 공허한 것으로 입증되었고, 나의 근본주의는 깊이가 얕은 것으로 입증되었다. 나는 불교에서 약속하는 최상의 것, 즉 공허를 발견할 때가지 좌선을 하기도 했다. 그러나 신비주의와 행동주의는 둘 다 쓰라린 실망감만 안겨주었다.

내게 필요했던 것은 인간 존재의 전 영역을 포함할 수 있을 정도로 큰 영적인 틀, 곧 실제적인 영성이었다. 내가 필요로 했던 영성은 물질세계나 일상적인 삶을 부정하는 것이 아니라 그것들을 변형시키는 영성이었다.

나는 그것을 기독교에서 발견했는데, 이 종교는 하나님 그 자신에 대해서가 아니라 육신을 입으신 하나님 그리고 십자가위에 계신 하나님에 대한 것이다. 역사적으로 동일한 이 기독교 신앙 안에는 많은 종류가 있고, 많은 영적 전통이 있지만 이것들은 모두 이 성육신과 속죄와 구속의 신비를 그 중심으로 삼는다.

내 신앙에 주된 영향력을 행사한 C. S. 루이스(Lewis)는 『미성숙한 기독교』(Mere Christianity)에 대해 쓰면서 모든 기독교 신학이 공통적으로 갖고 있는 것에 초점을 맞추었다. 루이스는 이 최소한의 공통분모가, 밖에서부터 믿음의 집안으로 들어가는 현관 혹은 입구와도 같다고 하였다. 그러나 루이스는 하나를 더 지적하기를, 실제적으로 기독교 안에서 생활하기 위해서는 현관을 지나 어느 방 안으로 들어가야 한다고 했다. "난로 불이 있고 의자들이 있고 음식이 있는 곳은 현관이 아니라 방 안이다."[1] 말

---

1) C. S. Lewis, Mere Christianity (New York: Macmillian, 1958), p. xi.

하자면, 기독교도는 어떤 특정한 교회에 속해야 한다는 것이다.

바로 여기서 좌절감이 찾아온다. 내 자신의 경우에 있어 내가 다녔던 지역교회 중 어느 곳도 책에서 발견한 기독교에 전적으로 미치지 못했다. 그 책임의 일부는 전적으로 나의 미성숙함에도 기인한다. 많은 기독교신자들이 종종 실제의 교회 안에서 실망하는 이유는 그들이 불가능한 이상들을 붙잡고 있으며 일상적인 삶에 대한 부적절한 신학을 갖고 있기 때문이다. 루이스가 다른 곳에서 언급하듯이, 새 신자들은 교회를 생각할 때 자신들과 같은 평범한 인간보다는 고대 로마의 헐렁한 겉옷과 가죽 샌달을 신고 있는 모습을 떠올린다.[2] 그러나 실제로, 기독교라고 하는 집의 이 "방들" 속에 난로 불과 의자들과 음식이 없는 경우가 간혹 있다.

기독교의 여러 분파는 각기 어떤 영적인 전통, 어떤 강조점 혹은 독특한 가르침을 대표한다. 분파들이 각기 나름대로의 문제와 찌그러진 모습들도 갖고 있다는 것을 부정하는 것은 순진한 일일 것이다. 바로 여기서 기독교 영성에 대한 추구가 자주 좌초당하고 마는 것이다.

그런데 오늘날 또 다른 아이러니는, 이 전통들 중 많은 것이 아무리 가치가 있다 하더라도 지금은 발견하기가 어렵다는 것이다. 아퀴나스나 칼빈이나 웨슬리와 같은 다양한 기독교 전통들은 모두 다르면서도 나름대로의 특성을 갖춘 체계들인데, 지금은 하나의 통속적인 기독교의 형태로 혼합되어 버렸다. 루이스가 말하는 많은 방들은 전혀 다르지 않아서, 동일한 포장지에 싸

---

2) 다음을 보시오. C. S. Lewis, Screwtape Letters (New York: Macmillian, 1961), p. 12.

인 패스트푸드를 내놓고, 동일한 녹음배경음악을 틀어주고, 동일한 플라스틱 꽃과 털 양탄자를 깔아 놓은 것 같다. 이 대중화된 새로운 기독교는 개성이 없고 일차원적으로 보이며, 좋은 감정으로는 가득 차 있으나 내용은 텅 비어 있다. 그 사이에 역사적인 기독교 전통들의 풍부함과 통찰들은 거의 잊혀져버렸다.

이 책은 이 기독교 영성의 전통들 중의 하나에 대한 것으로서, 그 전통은 하나님과의 관계에 대한 나의 오랜 숙원을 마침내 만족시켜주었다. 이 책은 루터란 영적 전통에 대한 입문서이다. 이 전통은 특히 예수 그리스도의 십자가에 중심을 두는 신앙이며, 정직하고 포괄적인 방법으로 영적인 삶의 전 영역을 포함하는 틀을 제공한다. 그리고 그 통찰들은 일상적인 삶 속에서 심오한 반향을 불러일으킨다.

본래의 복음주의자들

"루터란" 영성에 대한 더 나은 개념은 "복음주의적" 영성이다. "복음주의적"이란 개념은 말 그대로 "복음" 즉 복된 소식을 뜻하는 헬라어에서 유래되었다. "복음주의적"인 사람은 예수 그리스도의 복음에 초점을 맞추는 사람을 뜻하며, 이 복음은 그리스도께서 자신의 죽으심과 부활을 통해 죄 많은 인간을 위해 용서를 획득하셨으며 구원을 무상의 선물로 제공하신다는 복된 소식이다.

오늘날 "복음주의적"이란 말은 보수주의 개신교도들의 다양한 그룹을 가리킬 때 사용되는 말이다. 그 모든 차이점에도 불구하고 침례교인들, 성령파들, 칼빈주의자들, 웨슬리안들 그리고 다양한 비(非)교파적인 "초교파 교회들"은 그리스도를 통한 구원을 진정으로 강조하고 "복음주의"를 강조하므로, 이들에게 이 단어를 붙일 수 있다. 그러나 "복음주의적"이란 말은 본래 "루터란"을 의미했다.

종교개혁에 뒤이은 몇 해 동안 "복음주의자들"은 루터를 따르는 이들로서, 칼빈을 따르던 "개혁파"에 반대되는 말이었다. (나중에 이 두 파벌을 하나로 연합하려는 시도로 오늘날 미국의 한 교단이 된 "복음주의 개혁교회"가 생겨났다.) 유럽에서는 오늘날에도 루터란 신학을 따르는 교회들은 스스로를 "루터란"이라고 부르지 않고 — 이 호칭은 루터 자신도 그리스도의 교회가 자기의 이름으로 불려지는 것을 원치 않아서 싫어했는데 — "복음주의적"이라고 부른다. 그렇지만 어느 누구든 성경을 믿고, 구원을 선포하는 기독교인에게 붙여주는 이 미국적 용례가 유럽에서도 인기를 얻기 시작하고 있다. 그러나 미국인 관광객들은 부흥회 찬송과 제단 앞으로의 초대를 기대하고서 "복음주의적"이라는 팻말을 붙인 독일이나 스칸디나비아 교회에 들어갔다가 코랄이나 의식예배를 접하게 되면 간혹 당황하게 된다.

다른 이들도 스스로를 "복음주의자들"이라고 부를 자격이 있지만, 최소한 루터란은 최초의 복음주의자들이다. 크리스천이 신약시대로부터 고대교회를 거쳐 그리고 심지어 중세에서도 — 개신교도들은 이 중세기에 복음에 대한 강조와 복음의 의미들이 얼마간 혼동되었다고 비판하는데 — 항상 복음에 초점을 맞추어 왔다는 것을 우리가 염두에 둘 때, 루터란은 누구보다도 복음주의자들이라고 불리울 수 있는 사람들이었다. 그들은 또한 복음을 교리와 생활의 모든 차원의 중심에 둘 정도로 강조한 최초의 사람들이었다. 중세 가톨릭교회에 대항하여 맞춘 이 복음주의적 초점은 나중에 등장한 다른 모든 개신교 교회에도 그 문호를 개방하였다. 그렇지만 복음주의적 루터주의는 다른 교회들과는 구별된다.

나는 일종의 영적인 방랑자처럼 이 종교에서 저 종교로, 이 교회에서 저 교회로, 그리고 극도의 자유주의로부터 극도의 보수주의로 전전하다가, 마침내 성경을 발견하였다. 복음과 그 의미 속으로 더 깊이 들어가면 들어갈수록 나는 루터란이 되었다는 것을 발견하였다. 이 책은 부분적으로 그 순례의 기록이긴 하지만, 단지 부분적으로만 그렇다. 이 책은 현대인인 혹은 포스트 모던한 미국인이랄 수 있는 내가 루터란 영성 전통 안에서 발견한 무한한 도움과 가치를 해설해 놓은 것이다.

이 루터란 전통은 미국에서 전반적으로, 그리고 유감스러운 일이지만 간혹 미국의 루터란 가운데서도 다소 모호해졌고 조금밖에 알려져 있지 않지만 숙고해 볼 가치가 충분히 있는 전통이다. 뿐만 아니라 최초의 복음주의자들의 가르침은 현재 미국 기독교를 괴롭히고 있는 문제들에 특별히 적합한 것으로 입증이 되고 있으며, 현 세대들의 필요와 갈망들에 대한 해답을 강력하게 주고 있다.

영성과 신학

이 책은 "영성"에 관한 것이지, 신학 자체에 관한 것은 아니다. 어떤 면에서 이 구분은 오해의 소지가 있다. 오늘날 많은 사람들이 자신들은 교리와 신조와 제도를 갖춘 종교에는 관심이 없고 "영성"에만 큰 관심이 있다고 말한다. 그들은 자신의 마음이나 행동이나 사회적 지위에는 거북한 요구를 지우지 않은 채, 자신에게 기분 좋은 신비적 체험과, 의미와 편안함의 느낌을 줄 수 있는 그 무엇을 찾기 위해 종교의 슈퍼마켓에 나와 있다. 그들은 종교적인 믿음 체계가 없는 종교적인 경험을 원한다.

영성을 객관적인 진리와는 전혀 관계없는 주관적인 개념으로만 보는 사람들은 모든 종류의 미신과 착취에 취약하며, 온갖 종류의 UFO 숭배와 값비싼 뉴 에이지 세미나에 미혹되기 쉽다. 그런데 사실인즉슨 신학 없이는 영성도 없으며, 종교적 신앙체계를 떠난 종교적 경험이란 없다. 심지어 UFO 숭배와 뉴 에이지 세미나들도 신비적인 감각만 파는 것이 아니라, 하나의 세계관과 그들의 메시지 속에 잠재되어 있는 실체의 본성에 대한 무언의 가정(假定)들도 함께 파는 것이다.

따라서 나는 "영성"을 말할 때, 초월적인 경험 그 자체만을 위한, 내용도 없고 신학적으로 공허한 탐구를 뜻하지 않는다. 오히려 "영성"은 그야말로 알맹이가 있고, 이론적인 신학의 내용과 이 세상적인 제도, 그리고 실제적인 본질을 갖춘 일상의 기독교인의 삶과 관련이 있다.

내 생각에 이런 종류의 영성이 참 것이고 또한 중요하다. 오늘날 많은 사람들이 깊이가 얕고, 대량생산되고, 물질주의적인 문화 속에 살면서, 어떤 깊이와 풍부함과 초월에 대한 갈망을 한다. 많은 이들이 심지어 자신의 교회에서조차 영적인 양식을 찾지 못하고 있다. 이들 중 많은 교회가 미국적 통속 문화의 번들번들한 겉모양과 상업주의적 속임수를 채용하면서 통속적 기독교라고밖에 할 수 없는 모양으로 변해가고 있다. 흥미롭게도 통속적인 기독교의 많은 피해자들이 약간의 영적인 내용을 제공하는 것처럼 보이는 옛 신앙들 속으로 흘러 들어가고 있다. 신자들의 거대한 출애굽이 프로테스탄티즘으로부터 로마 가톨릭 교회 속으로 진행되고 있으며, 아마 더 특징적이게도, 동방 정교회 속으로 진행되고 있다.

　　프로테스탄티즘이 내적이고 영적인 삶에 대한 생생한 전통이 부족하다는 통념은 앞으로 다루겠지만 결코 진실이 아니다. 그러나 미국 문화, 특히 오늘날 매스 미디어에 의해 움직이는 통속 문화는 그 개신교적인 영성 전통이 거의 잊혀지도록 만들었다. 더 오래되었으면서도 훨씬 덜 미국화 된 신학적 전통과 영성적 전통을 탐구하는 것은 자신의 받침대를 보존하려고하는 크리스천에게 도움이 될 것이다. 모든 종류의 복음주의자들은 자신의 전통으로 되돌아가, 최초의 복음주의자들의 유산을 발견함으로써 유익을 얻을 수 있다.

　　어떤 이유에서인지 루터란은 개종자들을 만드는 것, 한 교회에서 다른 교회로 "양들을 훔쳐 가는 것"에 대해 불편하게 생각하는 경향이 있다. 루터란으로 개종시키려는 것이 진정 이 책을 쓰는 나의 목적이 아니다. 내 생각에 대해 물론 이견이 있을 수는 있지만, 어느 크리스천도 여기에서 설명하는 루터란 전통의 영적인 통찰로부터 유익을 얻을 수 있으리라고 생각한다. 예를 들어, 분명히 칼빈 같은 이도 공식적으로 그의 가르침을 따르는 장로교회를 훨씬 넘어서는 영향력을 발휘해 오면서 침례교인들과 다른 이들의 관습에 영향력을 끼치고 있다. 그들 중 많은 이들이 여전히 그의 많은 통찰을 인정하면서도 특별한 점들에 있어서는 이의를 제기한다. 루터도 유사하게 다양한 교파의 교회들에게 도움이 될 수 있다. 오늘날 크리스천들이 정치에 있어서의 교회의 역할, 성서의 사용, 죄 된 세상에서의 삶, 고난의 해결책과 같은 문제들과 씨름할 때, 이러한 문제에 대해 꿰뚫는 통찰력을 갖고서 답을 한 루터의 이야기를 귀담아 들을 필요가 있다. 물론 루터란 영성의 본격적인 맛은 루터 교회의 일상적 삶 속에서만 찾을 수 있다.

내가 평신도로서 이 글을 쓰고 있다는 것도 강조되어야 한다. 나는 신학자도 아니고 목사도 아니다. 나의 접근 방식은, 내 자신의 영적 삶에서 도움이 되었다고 본 루터란 전통으로부터 얻은 것이 무엇인지를 나와 같은 보통사람이 이해할 수 있는 개념으로 설명하는 것이 될 것이다. 영성에 대한 강조가 신학을 결코 피해가지는 않지만, 나는 만개한 신학 작업에서나 할 필요가 있는 기술적인 용어나 논증 자료나 역사적 분석이나 다른 주장들에 대한 반론은 대부분 피할 것이다. 나는 비록 흥미진진한 주제이긴 하지만, 말틴 루터의 삶과 그 시대에 대해서는 거의 아무 말도 쓰지 않을 것이다. 루터란은 강하게 역사에 기초하고 있다. 그러나 어떤 사람들은 이 신앙이 그리스도보다는 루터에게 더 의존적이라는 인상을 받기도 한다. 이 책이 탐구하려는 사상들은 16세기만큼이나 21세기에도 타당성이 있다. 아니 오히려 오늘날 그 타당성이 더 클지 모르는데, 그것은 우리 시대의 영적인 공허함으로 인해 그 사상들이 훨씬 더 적합한 성격을 가질 수 있기 때문이다. 나는 그 사상들의 주장에 대해 찬성론을 펼칠 의도가 별로 없으며, 있더라도 그리 많지는 않다. 나는 의견이 다른 신학을 공격할 생각도, 또 내 자신의 신학을 방어할 생각도 없다. 나는 단지 루터란 영성이 무엇인지에 대해 설명할 것이다. 독자가 내 주장을 그대로 받아들이든지 받아들이지 않든지 자유이다. 그러나 최소한 한 위대한 기독교 전통에 대한 견해를 얻게 될 것이다.

물론, 전문적인 신학, 성서 연구, 그리고 반대되는 의견에 대한 반론은 몹시 중요하고 결정적이기까지 하다. 루터란 전통의 가장 위대한 강점들 중의 하나는 신학을 중하게 여기고 또 철저하게 다룬다는 것이다. 정교한 신학과 성서 연구와 열정적인 반론은 루터란 가운데서 풍부하게 발견할 수 있다. 나는 이 책에서 다루는 문제들과 그 성서적인 근거와 그 문제들이 다른 견해들과 어떤 관련이 있는지에 대해 더 깊이 연구하고 싶어 하는 이들을 위해, 풍부한 신학적 자원의 전거(典據)를 일부 제공할 것이다. 그러나 이것은 나의 소명(이 개념에 대해 나중에 설명하겠다)이 아니다. 무엇보다도, 더 깊이 연구를 원하는 사람은 루터교 목사님 — 어떤 책을 읽는 것보다 더 구체적인 방법으로 "영혼의 치료"를 수행할 수 있는 소명과 직위를 가진 분 — 과 상의할 수 있다. 결국, 영성은 합리적으로 분석될 뿐만 아니라 실천되어야 하며, 그 활동의 현장은 일상적인 지역 교회 안에서 일어나는 신비들이다.

제 1 장

믿음으로 의롭게 됨:
죄와 은총의 역동성

 이 세상의 잘 조직된 종교들 속에서이건 또는 삶에 대한 의미를 찾으려는 사람들의 개인적인 분투 속에서이건 간에 어떤 일정한 유형이 지속적으로 등장한다. 애돌프 케이벌리(Adolf Koeberle)는 영적인 추구에는 세 가지 종류가 있다고 한다. 곧 의지가 행위의 완전을 달성하려는 도덕주의와, 마음이 이해의 완전을 달성하려는 사변주의와, 영혼이 하나님과 하나 됨으로써 완전을 성취하려고 하는 신비주의이다.[3] 이 모든 길이 지혜의 어떤 요소를 포함하고는 있으나, 루터란 영성은 이것들 모두와 전적으로 다르다.
 인간이 완전에 도달할 수 있다고 주장하는 대신, 루터란 영

---

[3] Adolf Koeberle, The Quest for Holiness, trans. John C. Mattes (New York: Harper & Brothers, 1936; rpt. Evansville, IN: Ballast Press, 1995), p. 2.

성은 불완전을 대면함으로써 시작된다. 우리는 아무리 노력할지라도 우리의 행위를 완전하게 할 수 없다. 우리는 이성을 통해 하나님을 이해할 수 없다. 우리는 하나님과 하나 될 수 없다. 루터란 영성은 인간이 이것들을 해야 하는 대신 하나님이 우리를 위해 이것들을 해주신다는 것을 가르친다. 하나님은 예수 그리스도 안에서 우리와 하나가 되신다. 하나님은 자신의 말씀으로써 우리의 빈약한 이해력에 자신을 계시하신다. 하나님은 우리의 행위를 용서하시고 그리스도안에서 우리를 위해 완전한 삶을 살아 주신다.

우리는 하나님께 상승해 갈 필요가 없다. 오히려 기쁜 소식은, 하나님이 우리에게 내려 오셨다는 것이다. 대부분의 철학과 신학은 인간이 구원받기 위해 무엇을 해야 하는지에 대해 초점을 맞춘다. 루터란은, 우리가 할 수 있는 것은 아무것도 없고 하나님이 그야말로 모든 것을 하신다고 주장한다.

루터란 영성의 두 축은 인간의 죄와 하나님의 은총이다. 물론 이것들은 모든 기독교에 고유한 것이다. 그러나 루터란주의에서는 이 둘을 한층 돋보이게 한다. 이 둘은 교회가 서기도 하고 넘어질 수도 있다고 말하는 원칙, 곧 믿음을 통하고 은총에 의한 칭의론에서 그 해결점을 찾는다.

하나님께로 가는 길

루터란 시각이 더 두드러지게 보이게 하기 위해 케이벌리가 인용하는 영적인 생활에 대한 다양한 접근에 더 주목 할 필요가 있다.

도덕주의의 길은 도덕적 완전을 성취함으로써 — 늘 옳은 것을 행하고, 모든 종류의 잘못된 행위를 피하고, 전적인 의지력과 빈틈없는 양심으로 자신을 통제하는 것 — 하나님의 호의 혹은 만족스러운 삶을 사려고 한다. 선해지고 싶은 소원은 진정 칭찬할 만한 욕구이다. 다만 그것이 성취 될 수만 있다면 말이다.

많은 사람들은 도덕주의가 사실은 기독교가 추구하는 모든 것 이라고 추측한다. 선한 사람들은 천당에 가는 반면 악한 사람들은 지옥에 간다고들 생각한다. 크리스천들이란 도덕적으로 올바른 삶을 살아가는 사람들로서 "죄들"은 피하고 선행들을 행한다고 생각한다. 때로 도덕주의는 알코올, 담배 혹은 다른 소소한 재미를 피한다든가 하면서 사소한 삶의 양식을 선택하는 형태를 취하기도 하고, 때로는 정치적 행동주의와 사회개혁을 통해 사회의 잘못을 바로 잡는다든가 하면서 광범위한 이상들을 위해 일하는 형태를 취하기도 한다.

사실 기독교의 어떤 형태들은 도덕적으로 나가는 경향이 있다. 분명히, 도덕주의는 세계의 많은 종교들의 특징을 이룬다. 이슬람교에서는 삶의 모든 세세한 것들이 — 신자가 먹는 음식과 가정생활의 세세한 사항들과 정부의 정책들을 포함하여 — 엄격한 도덕 규율에 의해 규제를 받고 있다. 종교적이 아닌 사람들도 흔히 도덕주의의 길을 따른다. 동물 보호 운동가들과 환경 운동가들과 정치적 행동주의자들은 가장 보수적인 종교적 열성파만큼이나 열광적이고, 완전주의를 추구하고, 엄격하다.

그러나 도덕주의는 수없이 불가능한 일과 모순을 내포하고 있다. 사람들은 참으로 자신의 높은 이상에 맞추어 살지 않을 뿐만 아니라 또 그렇게 살 수도 없는 것 같다. 우리는 실패를 거듭하는 것이다. 우리의 엄격한 규정들을 갖고서 다른 사람을 미워하고, 강요하고, 그들보다 자신을 더 낮게 여길 때가 있는 반면, 도덕적인 완전을 구하는 우리의 노력이 간혹 우리를 부도덕한 행동으로 이끄는 때도 있다. 또한 우리의 내적인 태도가 스스로의 덕스러운 행위를 훼손시킬 때도 있다. 나 자신은 상과 칭찬을 들은 "선행"을 했으면서도, 무엇인가 "상 받을 일"을 하고 있다는 자부심을 내게서 빼앗아버린 어떤 내키지 않는 분노를 내 속에서 느꼈던 적도 있다.

열정, 의지의 도착행위, 마음 속 가장 깊은 비밀스런 욕구는 최상의 도덕적 의도에 지속적으로 훼방을 놓는다. 도덕주의자들은 흔히 그들의 실패를 부정직과 자기 합리화를 통해 숨기라는 유혹을 받는다. 이 때문에 도덕주의에는 자주 위선, 곧 속에서 일어나고 있는 일의 진정한 이야기를 숨기려는 외면적 의의 가식이 뒤따른다.

우리의 도덕적 추구가 우리의 역량을 넘어설 때 대처할 수 있는 또 하나의 방법은, 덕을 우리의 경험의 가장자리로 밀어내어 그것을, 우리의 개인적인 삶이나 가족의 삶이 파손되는 때라도, 투표를 잘하거나 올바른 사회적 견해를 취하거나 도덕적인 대의를 지지한다거나 하는 문제로 만들어 버린다. 우리는 도덕적 완전을 낮게 정의하여, 그것을 더 쉬운 어떤 것으로 만들고 우리의 통제능력 속에 있는 것으로 만든다. 물론 그렇게 할 때 우리는 참으로 중요한 도덕적 의무들을 — 우리 자신의 행위와 관련되고, 우리 주변의 사람들에 대한 우리의 관계와 관련된 — 대개는 어기게 된다.

도덕주의에 있어 고유한 또 다른 문제는, 의(義)라는 것이 그 자신을 자기-의, 곧 자만심과 우월감으로 비뚤어지게 하여, 성취해 놓은 덕을 무효로 만드는데 있다. 문제는 가장 고상한 도덕의 사람들이 미끄러지는 것만이 아니다. 도덕주의적으로 되려는 바로 그 노력이 "선한 사람"의 특징이라고 부르기 어려운 가혹함과 거만함과 심지어 잔인함을 낳는 경향이 있는 것 같다.

분명 "선하게 되려는 것"은 칭찬할 만한 목표이다. 그러나 문제는, 우리 솔직히 말해, 어느 누구도 그 목표를 완전히 달성할 수 없을 것 같다는 것이다. 우리에게는 진정 도덕적 완전을 달성할 수 있는 의지력도, 내적인 동기도, 내적인 순수함이 없다.

도덕주의 말고 영적인 삶을 위한 다른 접근은 사변주의이다. 곧 지식이 영적인 완성을 여는 열쇠라는 가정이다. 만일 우리가 진리를 알기만 한다면, 우리 삶의 복잡함을 이해할 수 있는 열쇠를 발견하기만 한다면, 바른 지식에 도달할 수만 있다면, 비로소 우리는 만족할 수 있을 것 같다. 이렇게 함으로써 우리는 형이상학의 상세한 시스템과 정교한 해설 체계와 삶의 난제에 대한 깨달음을 얻을 수 있을 것 같다.

분명, 지식의 추구는 도덕의 추구처럼 인간적 노력 중에서 가장 가치 있는 것에 속한다. 그러나 영적인 길로서는 그것도 막다른 길로 이끌 뿐이다. 인간의 마음은 존재의 전체를 납득할 수 있을 정도로 결코 크지 않다.

많은 답변들이 제공되어 왔으나 그것들은 인간사고의 역사가 보여주듯 계속해서 변화한다. 하나의 철학학파 다음에 또 다른 학파가 뒤따르고, 과학 이론들조차도 계속 개정되어야 한다. 최종적이고 논의의 여지가 없는 진리들을 확정하기란 불가능해 보인다.

분명, 전적으로 초월적이고 무한하신 하나님에 관한 지식과 같은 영적인 진리는 인간의 지성을 놀라게 한다. 사마리아 여인의 이야기를 비유로 들자면, 우물은 깊고 우리는 물을 길을 도구를 갖고 있지 않다 (요한복음 4:11).

더 나아가, 인간의 시스템은 객관적인 실체보다는 인간의 욕구를 반영하려는 경향이 있다. 모든 것에 대한 해답이 될 수 있다고 주장하는 이데올로기들은 자주 권력 게임과 사기와 압제를 위한 구실이 되곤 하였다. 프랑스 혁명의 계몽주의는 우리에게 나폴레옹과 공포의 통치를 가져다주었다. 자유주의를 떠벌리는 마르크스주의 신조들은 우리에게 강제수용소를 가져다주었다. 도덕주의에서처럼 사변의 길은 자주 인간의 교만에 대한 또 다른 기회가 되어, 보통사람들을 조롱하는 엘리트주의 아니면 세상의 다른 사람들을 배제하는 은밀한 오만함으로 표출된다. 그 사이에 진리는 더욱 더 파악하기 어렵고 도달하기 어려운 것처럼 보인다.

게다가 만일 우리가 안다고 할지라도 무엇을 얻게 되겠는가? 마를로(Marlowe)의 『파우스트 박사』(Dr. Faustus)에서는 주인공이 지식을 얻기 위해 자신의 영혼을 마귀에게 판다. 그러나 그가 마침내 지식에 대해 꿈꾸었던 것을 — 천상의 역학에 대한 세세한 내용들, 논쟁이 되었던 천문학의 진리들, 지식인들의 고매한 사상 — 분명히 알게 될 때, 그가 비싼 값을 치루고 얻은 지식이 갑자기 초점을 잃고, 불만족스럽고, 그의 진정한 영적인 상태와는 연결되지 않은 것처럼 보인다.

내 자신의 경우에, 영적인 조명을 얻기 위해 나는 모든 종류의 책에 골몰했다. 그러나 그 책들은 다 서로 엇갈린 말을 했다. 아무리 지혜로운 것처럼 보이지만 실제로는 나처럼 조금밖에 모르는 사람을 내가 신뢰 할 수 있을까하고 의문을 가졌다. 그런데도 나는 이러한 실제적인 내 모습은 부정한 채 내 머리를 채우는 데 에만 골몰했었다.

도덕주의와 사변주의의 길은 종교적인 사람들과 비종교적인 사람들이 모두 따르지만, 오늘날 아마 가장 매력적인 영성의 방법은 하나님과 하나 되는 황홀적인 경험을 추구하는 신비주의이다. 신성과의 직접적인 교제를 얻기 위해 일상적인 삶을 초월하는 것, 이 세상을 뒤로 하고 영적인 영역 속으로 상승하는 것, 초자연적인 것을 직접적으로 경험하고 우리 자신의 목적을 위해 그 능력을 억지로 끌어 오는 것, 이것들은 모든 종교의 신비가들과 영적인 명인들의 목표였다. 고행적인 자기 부정으로부터 명상의 정교한 방법에 이르기까지, 그러한 경험을 얻는 기술은 다양하지만, 한결같이 영적인 황홀감과 초자연적 능력을 약속한다.

여기서 한 가지 문제는 자아가 "하나님과 하나 되는 것"과 자아가 하나님이 되는 것 사이의 세밀한 차이이다. 신성과의 합일은 사실은 자기-신성화를 목표로 삼는다. 힌두교처럼 가장 신비적인 종교들이, 그리고 뉴 에이지 운동을 구성하는 것과 같은 대중적이고 세속적인 신비주의들이 마지막으로 하는 일은 "자기 속에 있는 신"의 이름을 부르는 것이다. 힌두교의 절정은 "아트만[가장 내적인 자아의 신]과 브라매[초월적인 신성]가 하나라는 것"의 깨달음이다. 뉴 에이지의 '스스로 하기' 세미나는 "그대가 그대 자신의 실재를 창조하라"는 사상을 퍼트리려고 한다. 이러한 많은 신비주의적 체계 안에서 궁극적으로 발견하려는 목표는, 조금 대놓고 말하자면, "당신이 하나님이다"는 것이다.

비록 그러한 표현들로부터 거리를 두긴 하지만, 기독교적 신비 체험들 조차도 초자연적 능력을 추구하는 방향으로 나갈 수 있다. 즉 개인에게 직접적으로 말씀하시는 성령을 통한 신적 계시로부터 시작하여 기적을 일으키는 능력으로까지 갈 수 있다. 신비주의는 위험스럽게도 뱀이 한 최초의 유혹에 가깝게 갈 수 있다. "너는 하나님처럼 될 것이다" (창세기 3:5).

신비주의가 그렇게까지는 멀리 가지 않을 때라도 하나님을 자신의 목적에 사용하려는 유혹이 있다. 극렬하게 유쾌한 경험을 얻는 것, "영적으로 고상한 상태"에 이르는 것, 자신의 삶을 더 즐겁게 할 수 있는 힘을 얻는 것을 목적으로 한다. 이것은 영적인 대가들뿐만 아니라 마술가들과 사기꾼들의 방법이다. 영을, "숙달할 수 있는 어떤 것"으로 생각하는 자체가 신비주의의 한계를 보여준다. 최선의 상태에서도 신비주의는 자기 속으로, 내부의 감정 속으로 후퇴하면서 외적인 세계와 그 세계에 살고 있는 사람과 단절하는 경향이 있다. 내가 경험한 신비주의는 최소한 이런 것이었다.

영성에 대한 이 세 가지 전형적인 접근방식은 하나님께 도달하려는 인간의 고군분투를 내포하고 있다. 이 하나님은 무감각한 관찰자로 여겨지며, 세상의 소란함에는 초월해 계신 분으로, 인간이 성취해야 할 목표로, 인간이 찾고 발견하고 입수해야하는 보물로 여겨진다. 영성에 대한 이 세 가지 접근은 인간 정신의 다양한 기능에 의존한다고 케이벌리는 말한다. 도덕주의는 의지의 기능을 발휘하고, 사변주의는 지성의 기능을 발휘하고, 신비주의는 감정의 기능을 발휘한다.

루터란 영성은 하나님께 도달하려는 모든 인간의 노력은 헛된 것이라는 인식으로부터 시작한다. 의지는, 루터의 말을 빌리자면, 노예상태에 있다. 우리는 도덕법을 완전히 성취하지 못할 뿐만 아니라, 마음속 가장 깊은 곳에서 그것을 *원치* 않는다. 지성은 자기 자신의 노예로서, 그것의 한계에 묶여있고 죄악 된 의지에 의해 오염되어 있다. 감정도 마찬가지로 노예상태에 있으며, 우리를 하나님에게 인도하기보다는 멀리하게 만든다. 하나님께 올라가기는커녕 그로부터 도망가는데 우리의 대부분의 시간을 사용한다.

그러나 하나님은 수동적인 힘이 아니다. 하나님은 능동적인 분이시며, 인간과 같지 않으시다. 여기서 핵심은 우리가 하나님께 상승하는 것이 아니라 하나님이 우리에게 하강하시는 것이다.

루터란 영성은 하나님이 하시는 것으로 시작하고 또한 하나님이 하시는 것으로 끝이 난다. 우리의 비참하고 부패한 인간적 조건으로부터 우리를 구하시기 위해 하나님은 스스로 인간이 되셨다. 신-인이신 예수 그리스도는 도덕주의자가 그저 바라보고 갈망만 할 수 있는 완전을 성취하였으며, 십자가에 죽으심으로 그 스스로 모든 이의 도덕적인 실패에 대한 벌을 짊어지셨다. 영적인 삶은 하나님의 일, 곧 그가 십자가상에서 성취하신 것과 그가 성령을 통해 사람들의 삶 속에서 계속해서 성취하시는 것을 깨닫는 것이다.

케이벌리의 말을 빌리자면, 루터란 영성은 율법과 복음을 갖고서 인간 의지의 도덕적인 충동에 응답한다. 지식을 구하는 이성의 필요는 사변 대신에 하나님의 말씀에 의해 충족된다. 감정이 체험하는 하나님과의 신비적 합일대신에, 루터란은 그리스도와 믿음의 현상 안에서, 인간과 하나님과의 합일에 초점을 맞춘다. 어떤 경우가 되었든, 하나님이 모든 것을 행하신다.

율법과 복음

우리가 사변을 멈추고 하나님이 자신의 말씀(그리스도) 안에서 하시는 말씀을 볼 때, 우리의 상태가 스스로 생각할 수 있는 것보다 더 심각하다는 것을 발견한다. 성경은 참으로 도덕적 완전을 요구한다. 성경은 숭고한 도덕적 진리를 제시하며 모든 종류의 잘못된 행실에 대한 하나님의 극심한 증오를 드러낸다. 성경은 도덕적 완전을 요구할 뿐만 아니라 이 완전에 수반되는 요건을 더 강화시킨다. 외적인 행위만 아니라 내적인 감정과 동기도 전적으로 순수해야 한다. 예수님은 산상수훈에서 간음만 아니라 정욕도 정죄하시고, 살인만 아니라 미움도 심판하신다. 그리고 둘에게 동일한 심판을 내리신다 (마태복음 5:21-30).

성경 속에 제시된 하나님의 율법에 따라 우리는 가장 바르고 곧은 도덕의 길을 걸어야한다. 우리가 충분한 의지력을 갖고 있다면 스스로의 행위를 통제할 수 있을 것이다. 비록 늘 일관되게 그렇게 하기는 어렵겠지만. 그러나 만일 성경이 말씀하는 대로 우리의 모든 선행의 공적을 망쳐버릴 수 있는 우리 속의 성냄, 욕망, 위험한 자기-존경 등과 같은 것을 어떻게 통제할 수 있는가? 그러한 감정들은 의지의 사항이 전혀 아니다. 그것들은 우리의 의지에 거역하여 일어나며 우리가 통제할 수 없는 것처럼 보인다.

성경은 우리가 의롭게 되기를 요구한다. 그러면서도 "우리의 의는 다 더러운 옷 같으며"라고 말한다 (이사야 64:6). 우리는 스스로 타락한 존재로서, 아담과 이브의 불순종과 저주아래 연루되어 있다는 것을 배운다 (창세기 3). 신약에서는 단 한 절이 모든 종류의 인간의 영성을 분쇄한다. "의인은 없나니 하나도 없으며 [도덕주의를 분쇄], 깨닫는 자도 없고 [사변주의를 분쇄] 하나님을 찾는 자도 없고 [신비주의를 분쇄]"(로마서 3:10-11).

하나님의 율법과의 진정한 대면은, 자기만족, 안전감, 그리고 자기-의의 어떤 부분도 파괴한다. 자책감은 목구멍에서 솟구치고, 두려움은 영벌과 하나님의 무시무시한 의에 불순종하는 이들을 위해 예비된 지옥 불을 예상할 때 일어난다. 물론, 한 가지 대처는 그것을 모두 부정하는 일일 것이다. 내가 진정으로 착한 사람이라고 주장하며, 나의 악한 행실에는 아무런 잘못이 없고, 하나님의 말씀은 전혀 진실 되지 않다고 주장할 수 있다. 그러나 성경은 우리가 피하기 어려운 권위를 가지고 말씀하며, 하나님의 율법은 사람의 마음 속 깊은 곳에서 진실되다고 외친다. 자신의 실패를 인정하는 것, 즉 자신에 대한 정죄에 동의하는 것이 루터란 영성의 첫 걸음이다.

루터란 이해에 있어, 하나님의 율법에는 많은 "사용들"이 있다. 사회에서 악을 제어하는 것, 크리스천적인 삶을 위한 지침으로서 도움을 주는 일들이 있는데 이것들은 나중에 논의될 것이다. 그러나 율법의 "영적인 사용"은 겹겹이 싸인 우리의 자기기만을 관통하여, 우리가 얼마나 파멸된 존재라는 것을 깨닫게 한다. 성경적 언어를 사용하자면, 율법은 "회개"를 불러일으키는 "죄의 정죄"를 가져온다.

영성의 언어는 너무 자주 무아경의 언어, 힘의 언어, 천계의 지복에 대한 언어로 표현되기 때문에, 율법의 영적인 사용은 부정적이고, 낙심되게 하며, 불유쾌하게 보일 수 있는데, 실제로도 그렇다. 특히, 죄책감이 병리 현상으로 취급되고 자존감은 심리적인 건강의 정의로 간주되는 오늘날, 그러한 부정적이고, 자신을 부정하고, 심지어 절망적인 경험에서 영성이 출발한다는 생각은 정말 이상하게 보인다.

그러나 율법은 복음의 전주곡이다. 율법에 의해 부서진 사람들은 자신에게 무엇이 필요한지에 대해 확신하게 되고, 스스로를 구할 수 없다는 무능력을 확신하게 된다. 그럴 때 하나님이 그 모든 것을 하신다는 소식은 놀라운 위안으로, 복된 소식으로 찾아온다. 자기 스스로 완전을 성취할 수 없다는 절망을 느끼는 이들은 십자가의 메시지를 들을 수 있다. 그들은 전적으로 예수 그리스도의 일을 통해 거저 주시는 용서를 발견할 수 있는 것이다. 그리고 온 몸으로 안간힘을 쓰면서 그것에 매달린다. 이것이 생명을 변화시키는 하나님의 선물을 받아들일 준비가 된다.

그렇게 할 때 그들은 믿음으로 의롭게 된다. 그리스도의 의가 그들 자신의 의로서 간주된다. 도덕적 완전을 위한 율법의 요구는, 이와 같이 대속적으로 그러나 효과적으로 만족이 된다. 그리스도의 죽음은 그들이 마땅히 받아야 할 징벌을 떠맡는다. 그들은 전적으로 용서를 받고, 두려움으로부터 자유롭게 되며, 하나님의 순전한 은혜에 대한 감사로 가득 찬다. 그들의 계몽은 그들 자신의 사변으로부터 오지 않고, 하나님 말씀과의 만남으로부터 온다. 그들은 그리스도에게 연결되어 있는데, 마치 그들이 영적인 영역으로 상승했을 때처럼 단순히 신비적인 의미에서가 아니라, 성령이 그들의 삶 속으로 하강하심으로 실제적으로 연결되어 있다. 그들은 이제 "내가 곧 길이요 [도덕주의에 대한 응답], 진리요 [사변주의에 대한 응답], 생명이니 [신비주의에 대한 응답]" (요한복음 14:6) 라고 말씀하시는 그리스도안에 있다. 결과적으로 그리스도를 통하여 의지와 지성과 영은 모두 자유롭게 되었다.

믿음은 어떤 신념체계에 대한 단순한 지적인 동의가 아니다. 그렇다면 그것은 사변주의가 될 것이다. 믿음은 또한 어떤 종류의 "긍정적인 사고" 또는 우주적인 낙관주의도 아니고, 키에르케고르(Kierkegaard)가 묘사하듯이, 알 수 없는 것 속으로의 도약도 아니다. 믿음은 체험이 아니다. 만일 그렇다면 그것은 신비주의의 길이 될 것이다.

루터란에게 있어 믿음은 후대의 복음주의자들이 묘사하듯

"그리스도를 영접하기로 결정하는 것"이 아니다. 구원을 의지의 기능으로 만드는 것은 도덕주의가 될 것이다. 이것은 다시금 구원을, 인간이 행하는 것, 인간적 노력의 기능, 의지력과 행위에 의존적이 되게 하는 것이며, 이 모두가 실제적으로는 헛된 노력이다.

루터란은 믿음 자체가 성령을 통한 하나님의 행위로서, 인간의 마음속에 창조된 하나님의 선물이라고 간주한다. 믿음은 신뢰와 관련이 있으며, 의식적으로 그리스도를 의지하는 것이며, 사실 하나님이 모든 것을 다 하실 것이라는 신뢰와 관련이 있다. "그러므로 믿음은 그 자체로서 선행이기 때문이 아니라, 단지 약속된 자비를 받아들이기 때문에, 의롭게 하거나 구원할 수 있다"고 멜랑크톤은 설명한다.[4]

정확히 말하자면, 구원하시는 이는 십자가상의 그리스도이다. 믿음은 단순히 그 희생 제물에 대한 신뢰이다.

루터란 신학의 많은 부분이 다른 신학들과 일치한다. 다른 복음주의자들은 회심의 경험을 강조한다. 루터란 역시 회심을 믿는다. 그러나 율법과 복음, 회개의 역동성과 그리스도를 영접함이 루터란 영성의 뼈대를 이루며, 이는 단지 일회적 사건이 아니라, 일생동안 계속해서 개입해 들어오는 사건이다.

회심의 형태는 매 주일마다 죄의 고백과 사면에서, 그리고 항상 율법과 복음의 선포인 목사의 설교에서 반복된다. 루터는

---

4) "Apology of the Augusburg Confession," Article IV, line 56, in The Book of Concord: The Confessions of the Evangelical Lutheran Church, trans, Theodore G. Tappert (Philadelphia: Fortress Press, 1959), p. 114. 이 책은 한국어로 출판되었다:『신앙고백서: 루터교 신앙고백집』, 지원용 역 (서울: 컨콜디아사, 1988) — 역자 주.

이보다 훨씬 더 나갔다. 그는 말하기를 우리는 *매일* 율법에 의해 깨어지고 복음에 의해 생명을 얻는다고 했다. 그는 교리문답서에서 세례의 중요성을 말하면서, "우리 속에 있는 옛 아담은 모든 죄와 악한 욕망과 함께 매일 매일의 뉘우침과 회개에 의해 수장되어야 하며 죽임을 당해야 한다"고 말한다. 이로 인해 "깨끗하게 되고 의롭게 된 새 사람이 영원히 하나님의 존전에서 살기 위해 매일 매일 나타나고 새로 일어나야 한다."[5)]

그리스도로 인해 의롭게 된 사람은 안으로부터 변화된다. 선행은 그리스도의 사역으로부터 무의식적으로 흘러나온다. 그러나 크리스천은 이중의 본질을 갖고 있다. 내재하시는 그리스도(루터가 "새 사람"이라고 부르는)로부터 오는 그들의 새로운 영적 본질과, 아담으로부터 내려오는 옛 사람의 죄의 본성이다. 이것들은 끊임없는 갈등 속에 있다. 그리하여 크리스천의 삶은 평온한 삶이 아니라, 오히려 분투의 삶일 때가 자주 있다. 크리스천은 지속적으로 유혹에 대항하여 싸워야 하지만, 그의 모든 노력에도 불구하고 죄 가운데 빠질 것이다. 그러나 그리스도도 신자의 삶 속에서 일하신다. 기도의 훈련과 죄의 고백과 말씀과 성례전의 사역은 크리스천으로 하여금 거룩함과 선행 속에서 ― 이 과정은 성화라고 알려져 있는데 ― 자랄 수 있도록 해준다.

크리스천이 특히 율법을 들어야 할 필요가 있을 때가 있고, 또한 복음을 들어야 할 때가 있다. 루터란 목사는 교인을 영적으로 보살필 때, 율법과 복음을 어떻게 구별하고 적합하게 적용해야 할지를 연구한다. 자만심과 의도적인 죄와 자기-의를 내보이

---

5) "The Small Catechism of Dr. Martin Luther," Article IV, question 4, in The Book of Concord, p. 349.

는 사람은 율법을 들을 필요가 있다. 그렇지 않으면 그들은 그리스도에 대한 자신의 필요를 알아차리지 못할 것이다. 그러나 마음 아파하는 이들, 죄의식과 절망과 자포자기로 인해 고통당하는 이들은 복음을 들을 필요가 있다.

이와 같이 루터란 영성은 정확히 말하자면, 어떤 정적인 지복의 상태가 아니라, 절망과 소망, 죄의 깨달음과 용서의 깨달음, 회개와 확신 사이의 역동적인 왕래이다. 그러나 월터(C.F.W. Walther)의 말을 빌리자면, 복음이 지배적이어서 루터란 신자는 은혜의 상태에서 살아간다.[6]

루터란의 역설들

이와 같이 루터란은 도덕주의에 빠지지 않으면서, 죄에 대해 깊이 의식할 수 있다. 그들은 사변적인 이성의 한계를 강조하고 하나님의 말씀의 계시에 대한 전적인 의존을 강조하면서도, 신학을 소중하게 여기며 또한 풍부한 지적 전통을 소유하고 있다. 그들은 신비적인 감정주의에 대해 의심을 하지만, 강렬한 내적 경건과 형언할 수 없는 신비에 중심을 두는 예배를 계발한다. 앞으로 보겠지만, 기독교의 중심적인 역설인 성육신, 곧 그리스도가 동시에 완전한 하나님이면서 완전한 인간이라는 것은 루터란주의에서 울려 퍼지는 모든 "동시성"에서 — 성례전의 신학으로부터 세속적인 세상 안에서의 크리스천의 역할로까지 — 반향

---

6) 율법과 복음의 전통적인 취급을 위해서는 C. F. Walther의 On the Proper Distinction Between Law and Gospel (St. Louis: Concordia Publishing House, 1986)을 보시오. 이 책은 한국어로 출판되었다:『율법과 복음』, 지원용 역편 (서울: 컨콜디아사, 1993) — 역자 주.

이 된다.

　　그 신학과 영성에 있어 루터란주의는 역설의 체계이며, 진리와 체험이라는 두 기둥을 갖고 있는 모순의 체계이다. 루터에 따르면, 크리스쳔은 동시에 의인이면서 죄인이다 (simul justus et peccator). 크리스쳔은 전적으로 자유로우면서도, 기독교적 봉사에 있어서는 모든 이에게 종이다. 앞으로 보겠지만, 그러한 역설은 교리적인 어구가 아니라, 영적인 삶의 복잡성을 파악하는 양극이다.

　　복음의 근원적인 깊이를 마침내 발견했을 때, 나를 다양하게 도덕주의자로, 그리고 사변가와 신비가로 만든 동기들이 모두 십자가 안에서 분해 되었다는 것을, 아니 오히려 그 동기들이 서로 긴장 상태에 놓여지고 십자가 속에서 삼켜졌다는 것을 나는 깨달았다.

제 2 장

은총의 수단: 하나님의 임재

　루터란은 "당신은 언제 구원받았습니까?"라는 질문을 받을 때 흔히, "약 2000년 전에 예수님이 십자가에서 죽으시고 죽은 자들 가운데에서 부활하셨을 때"라는 식으로 대답한다. 기독교는 행동 규약이나 신앙의 체계 혹은 일련의 경험이 아니라 그리스도와 관련이 있다.[7] 우리는 오로지 하나님의 행위에 의해 구원을 받았다. 그는 우리가 할 수 없는 모든 것을 수행하심으로써 우리를 구원하신 분이다.

　하나님은 자신이 인간으로 태어나도록 하셨다. 육체 안에서, 하나님이신 예수 그리스도는 도덕법을 완전히 지키셨다. 그리고 십자가에서 고난 받아 돌아가셨을 때, 아마 상상할 수 있는

---

[7] "The Large Catechism of Dr. Martin Luther," in The Book of Concord: The Confessions of the Evangelical Lutheran Church, trans, Theodore G. Tappert (Philadelphia: Fortress Press, 1959), p. 444.

가장 심오한 기적 안에서, 인간들이 지은 모든 죄와 모든 범법행위를 스스로 담당하셨고, 우리가 마땅히 받아야 할 모든 징벌을 대신 받으셨다. 예수님은, 죄의 삯이 사망이기 때문에 죽으셨다(로마서 6:23). 그뿐 아니라, 예수님이 죽음의 고뇌 속에서 "나의 하나님, 나의 하나님, 어찌하여 나를 버리셨나이까"(마태복음 27:46)라고 부르짖을 때, 그는 자신의 몸으로 짊어지고 있는 세상의 모든 악으로부터 거룩하신 하나님이 고개를 돌리시는 것을 경험하고 있었다. 이 하나님의 외면은 지옥이나 마찬가지이다. 그러나 세상의 죄악에 대한 희생을 치르고 난 뒤, 예수는 부활하셨다.

'신비로운 교환'이라는 이 개념에 따르면, 크리스천이 지은 모든 죄 — 모든 이기심, 증오, 비밀스런 악, 남을 상하게 할 때 솟구치는 욕심스런 독단 등 — 는 예수님에게 돌려진다. 그리고 이것들은 십자가에서 죽임을 당했다. 거꾸로, 그리스도의 의(義) — 그가 병자를 고칠 때, 무리를 향해 측은지심을 느끼실 때, 유혹을 물리치실 때, 환전상을 성전에서 내쫓으실 때 보여주신 그의 모든 선함 — 는 크리스천에게 돌려진다. 그리고 예수님께서 죽은 자들 가운데서 새로운 생명으로 부활하셨음으로 크리스천들도 부활한다.

이것이 의미하는 바는, 크리스천이 예수님처럼 하나님의 동일한 호의를 받을 수 있고, 동일하게 하나님께 나아갈 수 있고, 동일한 영생의 확신을 가진다는 것이다. 우리가 거룩하신 하나님 앞에 나올 때, 하나님은 우리를 외면하면서 심판하지 않으신다. 오히려 하나님은 그리스도의 안경을 통해 우리를 보신다. 우리는 이렇게까지 말할 수 있다. 하나님은 우리를 *그리스도라고* 보신다. 우리의 중재자는 우리의 모든 죄를 자신의 것이라고 주장하시고 그의 피로 값을 치루셨다. 그는 우리가 필요로 하는 모든 선행을 제공하시며, 우리의 의가 아니라 그의 의로 우리를 입히신다. 이것이 바로 구원받는다는 말의 뜻이다.

루터란 신학은 "객관적 칭의"에 대해 말한다. 엄밀히 말해, 칭의는 우리의 밖에서, 즉 그리스도의 죽으심과 부활의 실제적이고 역사적인 사건들 안에서 일어났다. 우리의 구원은 이천년 전 십자가상에서 객관적인 사건으로 성취되었다. 그러나 십자가상에서 일어난 사건의 객관적인 면은 현재 우리에게 심오한 영적 의미를 준다. 우리 자신의 절망적인 작은 악들과 완고함은 거기, 바로 그리스도와 함께 십자가상에 있었던 것이다. 우리가 죄라고 통감하는 것들을 예수님은 자신의 몸 안에서 객관적으로 담당하셨다. 이와 같이 우리가 저지른 것에 대해서 주관적으로 가질 수 있는 어떠한 죄의식에도 불구하고, 용서 역시 객관적이다.

이것은 물론 놀라운 가르침이다. 이를 논리적으로나 도덕적으로나 신학적으로 분석해볼 때 믿기지 않을 수 있다. 이것은 너무 쉬운 것 같고 너무 좋아 보여서 진실이 아닌 것 같다. 이것이 바로 "복된 소식", "복음," 혹은 헬라어로 유앙겔인데, 네 명의 초기 복음주의자들이 그들의 이름을 이 단어에서 따왔으며, 그들 영성의 모든 국면을 규정하였다.

스스로 복음주의자들이라고 자처하는 사람들까지 포함하여, 다른 크리스천들은 자신들이 "그리스도를 위해 결단을 내렸을 때", 혹은 회심을 했을 때, 혹은 성령을 만났을 때, 구원받았다고 여긴다. 루터란 복음주의자들은 분명히 회심을 믿지만, 그런 식으로 말하지는 않는다. 구원을 결단과 경험의 개념으로 본다는 것은, 그리스도가 하신 일로부터 내가 한 일로 초점을 돌리는 것이다. 우리는 자신이 결정하는 것, 혹은 경험하는 것, 혹은 행하는 것에 의해 우리 스스로를 구원해야 하는 비복음적인 진퇴양난에 다시금 빠지게 된다. 이것은 우리를 도덕주의와, 그에 뒤따르는 실패와 불확실함과 자기기만에 빠지게 만든다. 우리의 소망을 우리 자신의 행위나 내적 삶과 같은 불안정한 모래의 기초 위에 세우는 대신, 우리는 그리스도께서 우리를 위해 해주신 것이 사실이라는 확신을 가질 수 있다. 루터란은 하나님이 그들을 위해서 해 놓으신 것의 구체적인 객관성을 기억하기 위해 이처럼 항상 자신의 주의력을 자기 자신들로부터 돌려놓으려고 애를 쓴다.

그러나 바로 이 곳에서의 우리의 삶과 예수님이 십자가에 못 박히신 골고다 사건 사이에 무슨 관련이 있는가? 그리스도께서 온 세상의 죄에 대한 보상을 하셨지만 모든 이들이 믿음을 갖고 있는 것은 분명 아니다. 객관적인 칭의가 있다면 주관적인 칭의도 있어야 한다. 주관적 칭의 안에서 그리스도의 십자가상에서의 객관적 사역이 개개의 인간의 삶에 영향을 끼친다. 믿음이 어떤 결단이거나 경험이거나 어떤 내적인 행위가 아니라면, 그리고 구원이 전적으로 하나님의 일이라면, 믿음 또한 하나님의 일임에 분명하다.

그러면 구원하고 삶을 변화시키는 믿음을 우리는 어떻게 얻을 수 있는가?

루터란 영성에서 주는 대답은 소위 은총의 수단들과 관련이 있다. 우리는 그리스도에게 연결되며, 성령은 말씀과 성례전이라는 수단을 통해 믿음과 선행을 우리의 삶 속에서 행하신다.

하나님의 말씀

루터란 신학과 영성의 모든 단계에서 중심적인 것은 — 그 근원과 방법과 그 실천에 있어서 — 하나님 자신이 인간에게 인간의 언어를 통해 말씀하신다는 인식이다. 다른 종교들은 하나님을 "보는 것"을 구한다. 다른 신학들은 하나님이 특별한 체험을 통해 드러내시기를 기대한다. 어떤 크리스천은 성령이 내적인 충동 혹은 개인적인 계시로써 자신들에게 직접 말씀하신다고 추측한다. 루터란에게 있어서, 하나님은 밖으로부터 오시며, 성령은 객관적으로 발견되어야 한다. 하나님은 그의 말씀 안에서 우리에게 직접적으로 그리고 효과적으로 말씀하신다.

어느 문화이든 사람들은 언어를 가지고 있다. 언어는 개인들이 서로 관계를 맺을 수 있는 수단이다. 언어는 친구사이와 가족간에 그리고 사회적으로 개인들이 서로 의사를 전달할 수 있게 하고 관계를 형성시켜준다. 언어는 사고를 가능하게 하며, 생각의 가능성, 지식의 축적, 예술 및 발명의 창조를 촉진시킨다. 학자들은 인간 언어의 한없는 깊이를 이제 겨우 발견하고 있는 중이다. 언어가 어떻게 타고 나는 것인지, 어떻게 문화를 형성하는지, 어떻게 인간다움의 실제적인 정의가 되는지를 연구하고 있다. 많은 과학자들은 그 보다 더 나아가서, 언어가 존재 자체 안에 구조적으로 구축되어져 있다는 것을 발견한다. DNA의 유전학적인 암호체계, 화학의 구조 그리고 물리학의 법칙들은 언어의 문법적 구조들과 유사한 것처럼 보인다.

하나님이 그의 말씀으로 전 우주를 창조하셨기 때문에 이것은 놀랄 바가 아니다 (시 33:6, 요 1:1-3). 많은 종교에서 보듯이 하나님은 추상적인 힘이 아니라 하나의 인격체이시다. 인격체로서 하나님은 사고하시고 사랑하시고 자신을 표현하신다. 하나님은 언어를 갖고 계신다. 하나님은 인간을 자신의 형상에 따라 인격체로 만드셨다. 그러므로 우리도 언어를 가지고 있다. 타락이 언어의 선물을 훼손시켰다. 죄는 언어를 오염시켜서 우리가 바벨탑 사건에서 보듯이 혼란과 오해 속으로 퇴보시켰다 (창세기 11장). 그러나 오순절에 오신 성령은 사람들이 다시금 서로의 언어를 이해할 수 있게 하셨다 (사도행전 2장).

청각장애인의 기호를 포함하여, 가장 단순한 단계에서 모든 관계를 가능하게 하는 것은 바로 언어이다. 우리는 의사소통을 해야만 한다. 그렇지 않으면 우리는 외로움을 느낀다. 언어는 우리가 생각하고 느끼는 것, 곧 우리 자신을 남과 함께 나눌 수 있게 한다. 친구와 연인은 서로에게 말해야 한다. 대화가 부족하면 비즈니스와 정부는 말할 것도 없고, 결혼생활이 파국을 맞는다.

하나님도 언어를 수단으로 하여 대화를 하시고 관계를 세우시지 말란 법이 어디 있는가? 이 언어란, 희미한 암시나 신비적 직관이 아니라, 단어와 문법과 의미를 갖춘 진정한 언어, 누구나 사용할 수 있고 기록할 수 있는 말이다. 하나님에 대한 크리스천의 관계는 다른 모든 관계와 유사하게 쌍방간의 대화를 증진시킨다. 크리스천은 기도로 하나님께 말하고 하나님은 자신의 말씀을 읽는 크리스천에게 말씀하신다.

루터란을 비판하는 사람들은 성경이 특정한 문화와 역사적 상황가운데서 많은 다른 사람들에 의해 수세기에 걸쳐 기록된 인간적 문서라고 말한다. 게다가 그리스도의 삶을 기록한 복음서들과 사도들의 서신은 교회의 시초부터 내려오고 있지만, 성경의 완결된 정경은 4세기에 이르러서야 확립되었다고 말한다. 그렇다면 어떤 책이 정경 속에 포함되어야 할 것인지를 결정한 교회가 분명 말씀보다 우선한다고 한다.

　　루터란은 성경이 비록 인간들에 의해 기록되었지만 진정 하나님의 말씀이라고 주장한다. 그러나 하나님의 말씀이 성경만이 아니다. 성경에서는 삼위일체의 제2위이신 하나님의 아들이 하나님의 말씀이라고 묘사되어 있다. 그리하여 예수님은 "육신이 되신 말씀"이다 (요한복음 1:1-3, 14). 목사가 설교하는 것은 하나님의 말씀(그리스도)이다. 모든 복음의 선포는 그것이 설교이든, 친구를 대상으로 하는 평신도의 사적인 간증이든, 하나님의 말씀(그리스도)의 선포이다. 이 선포된 언어는 성경의 메시지로서, 인간의 음성으로 전달된 하나님의 말씀이다.

　　하나님이 일반적으로 수단들을 통해 일하신다는 것이 루터란의 공리(公理)이다. 하나님은 타락한 인간의 언설에 영감을 주시는 것을 부끄러워하지 않으시고, 자신의 진리를 종이와 먹을 사용하여 인간의 언어로 기록되는 것을 부끄러워하지 않으시는 것처럼, 그를 따르는 이들의 더듬거리는 말로 자신의 말씀이 전달되는 것을 부끄러워하지 않으신다. 하나님의 말씀과 단순한 인간의 언어들 사이의 주요한 차이점은, 하나님 곧 성령은 그의 말씀이 들려지는 곳에서 언제나 역사하신다는 약속이다. 주님은 말씀 하신다. "내 입에서 나가는 말도 헛되이 내게로 돌아오지 아니하고 나의 뜻을 이루며 나의 명하여 보낸 일에 형통하리라" (이사야 55:11).

　　앞의 비판자들을 논박하자면, 실제로는 말씀이 교회보다 앞선다. 성경이 완전히 기록되기 전에도 사람들은 예수님에 대해 듣지 않고서는 그에 대해 알 수 없었고, 따라서 교회의 일원이 될 수도 없었다. 예수님이 누구이신지, 그가 무엇을 하셨는지, 그리고 그가 베푸시는 용서를 설명하기 위해 사용된 말씀은 하나님의 말씀이었다. 초기의 복음주의자들은 복음(하나님의 말씀)을 선포했는데, 이 복음은 최초의 사도들(하나님의 말씀을 가르친)에게까지 거슬러 올라갈 수 있는 메시지였으며, 사도들은 그것을 예수님 자신(육신이 되신 하나님의 말씀)에게서 들었다. 사도적 증거는 더 오래된 구약의 예언에 추가되어 처음부터 기록되었다. 그리고 나중에 다양한 책들이 수집되었고 같이 인쇄되었다. 그러나 하나님이 항상 백성을 자신에게로 인도하시려고 사용하고 계셨던 것은 말씀(그리스도)이었다.

"그런즉 저희가 믿지 아니하는 이를 어찌 부르리요. 듣지도 못한 이를 어찌 믿으리요. 전파하는 자가 없이 어찌 들으리요"라고 바울은 묻는다. "그러므로 믿음은 들음에서 나며 들음은 그리스도의 말씀으로 말미암았느니라" (로마서 10:14, 17). 그리고 그 말씀은, 입술로 말한 것이든 기록된 것이든 예수 안에서 성육한 것이든 현대의 설교단으로부터 설교된 것이든, 강력하고 예리하며 또한 설득력이 있다. "하나님의 말씀은 살았고 운동력이 있어 좌우에 날선 어떤 검보다도 예리하여 혼과 영과 및 관절과 골수를 찔러 쪼개기까지 하며 또 마음의 생각과 뜻을 감찰하나니" (히브리서 4:12).

성경

"경의 모든 예언은 사사로이 풀 것이 아니니"라고 성경은 스스로에 대하여 말한다. "예언은 언제든지 사람의 뜻으로 낸 것이 아니요 오직 성령의 감동하심을 입은 사람들이 하나님께 받아 말한 것임이니라" (베드로후서 1:20-21). 하나님은 자신의 직접적인 영감과 역사를 주관하시는 섭리 안에서 그의 말씀이 기록되도록 하셨다. 결과적으로 크리스천은 "모든 성경은 하나님의 감동으로 된 것"이라는 것을 믿는다 (디모데후서 3:16).

하나님의 말씀이 어느 누구나 원할 때 읽을 수 있는 책 속에 기록되었다는 것은 많은 이들에게 그리 영적이지 못한 것처럼 들린다. 그들은 신과의 교제가 더 희미하고, 은밀하며, 어떤 신탁(神託)같은 것에 의해 전달되거나, 어떤 종류의 비밀스런 수수께끼로 부호화 되거나, 신비적 경험의 영역에 속하는 것을 선호한다. 그러나 크리스천은 하나님의 말씀이 만질 수 있고, 먹과 종이에 기록되고, 사용할 수 있고, 객관적인 것이라고 믿는다.

성서는 진실되다. "내 이웃과 나, 간단히 말해, 모든 사람은 실수할 수 있고 속일 수 있다"고 루터는 『대교리문답서』에서 쓰고 있다. "그러나 하나님의 말씀은 실수할 수 없다."[8] 성경은 진실 될 뿐만 아니라, 진리 그 자체이다. 예수님 자신이 말씀하시듯, "아버지의 말씀은 진리니이다" (요한복음 17:17).

인간의 이성은 상당히 많은 진리를 이해할 수 있다. 중세의 위대한 신학자인 토마스 아퀴나스는 이성이 하나님이 존재한다는 것까지도 증명할 수 있다고 믿었다 (다른 크리스천들은 동의하지 않았지만).

그러나 아퀴나스는 계속하여 말하기를, 이성은 하나님에 대하여 많은 것 — 그가 어떤 분이신지, 그의 목적은 무엇인지, 인간에 대한 그의 태도에 대해 — 을 설명할 수 없다고 하였다. 그것을 위해서, 즉 전적으로 초월적인 것에 대한 지식을 얻기 위해서, 하나님이 자신을 우리에게 계시해주실 필요가 있다. 하나님이 자신에 대해, 역사에서 행하신 그의 행위에 대해, 그의 의지

---

8) "The Large Catechism," p. 444.

에 대해, 그리고 그가 우리를 구원하시기 위해 무엇을 하셨는지에 대해 말씀해주시는 것이 필요하다. 어떻게 이런 일들을 인간 언어의 표현을 떠나 알 수 있을까? 우리는 여기서도 그의 말씀에 전적으로 의존할 수밖에 없다.

루터란과 다른 크리스천들은 성경의 권위에 대해 동의 한다. 성경은 모든 바른 신학의 근원이고 테스트이며 시금석이다. 인간이 그리스도를 선포할 때마다 하나님의 말씀이 현존하지만, 인간의 말이 성경의 말씀과 일치하지 않고 또 그 말씀의 해설이 아니라면 그것을 하나님의 말씀으로 간주 할 수 없다.

루터란과 다른 크리스천들은 성경이 역사 안에 있는 하나님의 행위에 대한 정확한 정보를 제공한다는데 대해 동의한다. 성육신이나 속죄의 행위에 대한 기록이 없다면 우리는 그것들에 대해 결코 알지 못할 것이다. 그렇게 되면 이 객관적이고 역사적인 사건들은 시간 속으로 용해되어 버릴 것이고, 우리는 그것들에 대한 망각 가운데 살아갈 것이다. 성경의 이야기와 가르침은 우리가 알아야 할 필요가 있는 것이 무엇인지 가르쳐준다.

그러나 루터란은 우리가 성경을 읽거나 들을 때 무엇인가 다른 일이 일어난다고 본다. 성경은 은혜의 수단이다. 성경의 말씀은 단지 지식만을 전달하지 않고, 성령도 전달한다. "하나님의 말씀은 살았고 운동력이 있다." 성경의 말씀은 그것이 묘사하는 것에 우리를 실제적으로 연결해준다. 성경에 기록된 말씀을 읽을 때, 하나님은 믿음의 선물을 우리의 마음속에 새겨 주시면서, 진실로 그리고 객관적으로 임재하시고 일하신다.

성경의 권위를 따르는 많은 개신교도를 포함하여 많은 크리스천은 루터란이 갖고 있는 극히 높은 성경관 앞에서 몸을 사린다. 진정 성경은 우리에게 역사적이고 신학적인 진리를 말하지만, 하나님께서 종이와 먹 속에 계시지 않는다는 것은 확실하다. 사람은 책을 숭배해서는 안 된다. 루터란은 "성서숭배"를 저지르고 있다는 비난을 받는다. 그러나 루터란은 성령께서 진정 성서의 말씀 속에 현존하시고 그 속에서 일하신다고 주장한다. 그들은 자신들이 성경을 숭배한다는 비판을 부정하지만 성경을 은혜의 수단으로, 즉 성례전적으로 본다.

하나님 말씀의 내용은 율법과 복음이다. 성경은 하나님의 거룩하심, 그의 의지, 그의 요구, 그리고 그의 심판을 드러낸다. 그것들을 읽는 것은 철저히 깨어지는 경험이 될 수 있다. 성경은 또한 그의 사랑, 그의 은혜, 그리고 그의 약속을 계시한다. 즉 하나님께서 어떻게 죄로 인한 노예상태로부터 그의 자녀들을 지속적으로 구해주셨는지, 그리스도께서 어떻게 우리의 죄들에 대한 속죄로서 자신을 희생하셨는지를 계시한다.

성경 읽기의 핵심은 단지 하나님에 대해 배우는 것이거나, 우리가 어떻게 행동할 것인가를 알기 위해서, 혹은 성공적인 삶을 위한 원칙을 얻기 위한 것에만 있지 않다. 물론 성경이 그러한 것을 전달해주기는 하지만 말이다. 성경을 영적인 모험으로 읽을 때 가장 인격적인 차원에서 하나님 자신과 대면하게 된다. 이 대면은 두려운 것이다. 하나님의 절대적인 요구, 가장 작은 범죄행위에 대한 그의 격노하시는 심판을 가감하지 않고 읽을 때 성경을 읽는 이는 죄의식과 놀램과 절망으로 가득 찰 뿐이다. 이 대면은 또한 사람을 고치기도 하여서, 말씀을 읽는 이는 진노의 하나님이 은혜의 하나님이시기도 한 것을 깨닫게 되며, 처음부터 하나님은 그의 백성의 죄를 덮기 위해 희생의 피를 제공하셨다는 것을, 그가 예수 안에서 오셨다는 것을, 그의 진노는 십자가 안에서 삼켜졌다는 것을 깨닫게 된다. 성경의 역사와 교훈, 시와 이야기와 사도의 서신들을 읽을 때, 우리는 율법과 복음에 맞부딪치게 된다. 율법과 복음을 통하여 성령은 우리의 마음을 변화시키고 우리를 그리스도에게 묶어주신다.

　　성경을 처음으로 진지하게 읽기 시작한 때를 나는 기억한다. 성경을 읽을 때, 나는 그 장엄함에 압도당하다가 나중에는 가나안인들을 죽이라는 하나님의 명령과 같은 구절에 오싹해졌다. 나는 하나님이 무엇인가 "다른" 분이시라는 것을, 내 이해력보다 훨씬 높이 계신 분이시라는 것을 깨닫기 시작했다. 나는 하나님을 내 기호에 따라 맞추어왔으며, 내가 좋아하는 속성들을 가정한 다음에 그것들을 내가 믿고 있던 신성에다가 적용시켜 왔다는 것을 깨닫게 되었다. 나는 사실은 하나님을 내 상상 속에서 만들고 있었던 것이다. 그러나 내가 성경에서 읽은 하나님은 피의 중개 없이 언약궤를 만진 사람들을 그 에너지로 날려 보낸 분으로서 내 자신과는 전혀 달랐고, 불가사의하시고, 거룩하시고, 무시무시한 분이었다. 그러면서도 하나님의 행위는 참되었다.

　　나는 내 자신 스스로 쌓아올리고 또한 나의 인문학적 자유주의 신학에서 찾은, 흐리멍덩하고 길들여진 고상함의 영을 결코 믿지 않았던 것 같다. 위험과 고통, 그리고 암과 같은 질병이 엄존하는 실제의 우주는 그러한 감상적인 신에 의해 창조되었다는 어떤 흔적도 보이지 않는다. 나는 내 자신이 더 기분 좋게 느끼려고 사적인 작은 종교를 만들고 있었던 것과, 무신론이 훨씬 더 설득력이 있다고 아마 마음 속 깊은 곳에서는 알고 있었던 것 같다. 그러나 내가 성경에서 읽은 이 하나님은 날카로움을 갖고 계신 분이었다. 그는 절대자이시고, 전적으로 신비로우시며, 모든 외양에도 불구하고 극히 의로우신 분이다. 나는 하나님을 전적으로 다른 빛에서, 즉 거룩함의 빛 속에서 보기 시작했다. 그러자 반항적이고 변덕스럽고 우상 숭배하는 이스라엘 백성 속에서 나 자신을 발견하게 되었다.

그러나 나는 또한 성경을 읽으면서, 하나님의 자녀들이 모방하고 싶어 한 이방의 문화에 의해 거의 흡수당하고 노예가 되었을 때, 하나님이 그들에게 계속해서 모세와 사사들과 선지자들과 선한 왕들과 같은 구원자를 보내주셨다는 것을 보았다. 하나님은 그들에게 성전과 그들의 죄가 피에 의해 덮여질 수 있는 정교한 의식도 주셨다. 내가 신약에 다다라서 그리스도의 삶을 읽을 때쯤에는 모든 것이 한꺼번에 이해되었으며, 성 바울의 서간들은 내 구원의 사실을 매우 선명하고 분명하게 보여주었다.

나는 그 당시에는 개념들을 몰랐으며, 신학은 더더욱 그랬다. 그러나 내가 성경을 읽으면서 경험한 것은, 나의 죄 됨을 고발하고 절망스런 내 상태에 대한 지식에 눈뜨게 하는 율법과 그리스도안에 있는 죄 사함을 확신시켜주는 복음이었다. 내가 훨씬 나중에 루터란이 되었을 때, 율법과 복음을 통해 일하시는 하나님의 말씀이 성령께서 믿음의 선물을 선사하시는 수단이 된다는 것을 이해하게 되었다.

세례의 성례

오늘날은 불신앙의 시대인 동시에 과도한 영성의 시대이기도 하다. 종교가, 간섭을 하지 않는 내적인 일이고 모호하고 비물질적인 한, 환영을 받는다. 종이에 먹으로 인쇄 된 물질적인 책이 그러한 효과를 가질 수 있다거나 설교대에서 선포되는 하나님의 말씀이 — 이것은 결국 공기 속에서 진동하면서 귀의 고막을 두드리고 육체의 뇌에 의해 처리되는 음성의 파동에 불과한데 —

성령께서 믿음을 창조하고 영혼을 구원하는 수단이 된다는 것을 주장하는 것은 비영성적으로 들린다.

하나님의 말씀 자체가 손으로 만질 수 있는 다른 은총의 수단들에 대해 말씀한다. 이것들은 동일한 말씀의 능력에 의해 그리스도를 전달하며 믿음을 창조한다. 이것들은 세례와 성단의 성례전이다. 루터란 영성은 성례전적인 영성으로서, 성령이 실제로 세례의 물 안에서 내려오시며, 그리스도께서 실제로 성찬식의 떡과 포도주안에 현존하신다는 확신에 초점을 맞춘다.

물과 떡과 포도주가 그렇게 큰 중요성을 갖고 있다고 하는 것은 참으로 매우 이상하게 들린다. 종이 위에 쓰여져 있는 먹과 음성의 파장이 무한하신 하나님의 말씀을 전달한다는 것보다는 더 이상한 일은 아니지만 말이다. 불가능한 것 같은 이 문제를 우리는 다음 장에서 다룰 것이다. 하지만 루터란은 한 인간이, 심지어 갓난아이가 세례를 받을 때 복음이 객관적으로 전달된다고 믿는다. 성찬이 집례되고 성례전의 참석자가, 죄의 용서를 위해 주시는 예수 그리스도의 실제적인 몸과 피가 들어있는 떡과 포도주를 먹을 때에도, 복음이 객관적으로 주어진다. 이러한 이야기들은 대경실색케 하는 주장들이지만, 하나님의 은혜의 객관성과 우리의 구원을 위해 하나님께서 모든 것을 성취하셨다는 사실, 그리고 우리가 해야 할 일은 단지 그의 선물을 받는 일이라는 사실의 실례(實例)들일 뿐이다.

하나님이 성전 안에서 이스라엘 백성과 함께 계시면서 예배와 희생 제물을 통해서 그들을 돌보셨듯이, 오늘날 하나님은 그의 교회 안에서 현존하신다. 하나님의 말씀은 죄인들을 개별적으로 의롭게 할뿐만 아니라 그들을 교회의 몸 안으로 불러 모으신다. 간혹 그렇지 않은 것처럼 보일 때가 있지만, 성령은 지역 교회의 목사가 말씀을 선포하고 교인들에게 말씀을 가르치고 적용할 때 역사하신다. 이 말씀은 또한 목사가 세례를 베풀고 그의 양떼를 성찬으로 먹일 때, 특히 개인적이고 긴밀한 방법으로 교회의 삶 속에서 역사한다.

성경은, "물은 예수 그리스도의 부활하심으로 말미암아 이제 너희를 구원하는 표니 곧 세례라 육체의 더러운 것을 제하여 버림이 아니요 오직 선한 양심이 하나님을 향하여 찾아가는 것이라"고 말씀한다(벧전 3:21). 이러한 말씀은 분명하며, 다르게 설명될 수 없다. 세례는 단지 육체적인 씻음으로서가 아니라, 우리를 그리스도의 부활로 연결하기 때문에 구원한다. 세례는 큰일을 행한다. 이에 대해 성 바울의 말씀보다 더 분명한 것은 없다.

> 무릇 그리스도 예수와 합하여 세례를 받은 우리는 그의 죽으심과 합하여 세례 받은 줄을 알지 못하느뇨. 그러므로 우리가 그의 죽으심과 합하여 세례를 받음으로 그와 함께 장사 되었나니 이는 아버지의 영광으로 말미암아 그리스도를 죽은 자 가운데서 살리심과 같이 우리로 또한 새 생명 가운데서 행하게 하려 함이니라. 만일 우리가 그의 죽으심을 본받아 연합한 자가 되었으면 또한 그의 부활을 본받아 연합한 자가 되리라. (로마서 6:3-5).

이 말씀에 따르면 세례는 사람을 그리스도께로 연결시키며, 특히 그의 죽으심과 부활에 연결시킨다. 세례 받을 때, 우리는 "그와 함께 장사된다." 세례 받을 때, 우리는 "그의 부활 안에서 그와 연합한다."

이것은 강력한 말씀이다. 하나님의 말씀을 제각기 해석하는 것보다는 그것을 붙잡으라고 교육 받은 루터란은 이 말씀들을 글자 그대로 받아들인다. 세례를 받는 것은 그리스도와 함께 죽고 함께 부활하는 것이다. 그것은 세례 받는 지금 이 순간과 이 장소, 그리고 골고다와 텅 빈 무덤사이의 연결선이다. 세례를 받은 사람은 그리스도의 죽으심과 부활에 참여한다는 확신을 가질 수 있다. 세례 받은 사람은 다시 태어난 것이다.

나는 이렇게 말하는 것이 많은 복음주의자들을 실족케 할 것이라는 것을 안다. 모든 전통의 크리스천은 루터주의로부터 많은 것을 배울 수 있지만, 성례전에 관한 가르침에서는 선을 그을 수밖에 없다. 다시 말하건대, 이 책에서의 나의 목적은 이 교리에 대해 논쟁을 한다든가 혹은 그 깊이를 다 설명하려는데 있지 않다. 독자가 원하면 "추가 독서 목록"에 소개한 글들을 참조할 수 있다. 하지만 세례에 대한 루터란 이해는 가장 복음적인 교리이다.

루터란은 확실히 회심을 믿고 개인적 믿음의 필요성을 믿는다. 그들은 또한 세례의 마술적인 견해, 즉 세례가 그 행위 자체의 힘으로 구원한다는 견해를 거부한다. "어떻게 물이 그렇게 위대한 일을 할 수 있는가"라는 질문이 루터의 『소교리문답서』에 나오는 분명한 질문이다. "그것들을 행하는 것은 진정 물이 아니라 물 안에 그리고 물과 함께 있는 하나님의 말씀, 그리고 물 안에 있는 그러한 하나님의 말씀을 신뢰하는 믿음이다."[9] 세례는 인간의 일이 아니며, 신의 분노를 누그러뜨리는 어떤 의식도 아니다. 세례는 다른 모든 구원의 행위처럼, 하나님의 일이다. 루터가 『대교

---

9) Dr. Luther's Small Catechism (St. Louis: Concordia Publishing House, 1943), p. 17.

리문답서』에서 설명하듯이, "하나님의 이름으로 세례 받는 것은 인간에 의해서가 아니라 하나님 자신에 의해 세례 받는 것이다. 비록 그것이 인간의 손에 의해서 행해지지만, 그럼에도 불구하고 그것은 하나님 자신의 행위이다."[10]

예를 들어 유아들의 세례를 생각해 보라. 어린아이는 이 의식의 의미를 전혀 이해할 수 없다. 아이는 성경 지식이나 형성된 도덕이나 그리스도에게 헌신을 약속할 수 있는 의지력을 갖고 있지 않다. 루터란은 세례 받은 아이가 크리스천이라고 어떻게 말할 수 있으며, 더도 아니고 덜도 아니고 '다시 태어난다'고 말할 수 있는가? 그리고 세례로 인한 중생에 대한 가르침과 믿음으로 의롭게 된다는 가르침을 어떻게 조화시킬 수 있는가?

유아 세례는 사실 믿음으로 의롭게 되는 것에 대한 가장 훌륭한 실례(實例)가 될 수 있다. 세례에 대한 루터란의 특유한 가르침은, 세례 받은 유아들이 실제로 믿음을 갖고 있다는 것이다. 물론 아이가 지식을 많이 갖고 있다거나 선택할 수 있는 능력을 갖고 있는 것은 아니다. 그러나 믿음은 지적인 숙달이거나 어떤 결단이 아니다. 믿음은 신뢰이며 그리스도에 대한 전적인 의지의 관계이다. 아이는 그 모든 무력함 속에서도 그의 어머니와 아버지에 대한 신뢰를 갖고 있지 않은가? 아이는 그의 부모와 전적인 의존의 관계를 갖고 있지 않은가? 자신의 자녀에 대한 어머니의 사랑은, 아이가 알고 있는 그 어떤 것으로서 가장 정감 있는 실재를 그 작은 존재에게 이루고 있지 않는가? 아이가 그의 부모님의 사랑과 보호 아래 안전하게 안식하면서 부모님에 대한 믿음을 가질 수 있다면, 왜 하늘 아버지에 대한 믿음을 가질 수는

---

10) "The Large Catechism," p. 437.

없는 것인가?

칭의에서 인간은 순전히 수동적이고, 순전히 받는 자의 입장이다. 다시 말하건대, 구원은 행위에 의해서나 도덕적 노력이나 지식의 습득에 의해서나 신비적 경험의 고양에 의해 되는 것이 아니다. 구원은 단순히 하나님으로부터 무상의 선물을 받는 것이다. 세례를 받는 어린아이는, 어른들이 자신의 노력으로 스스로를 구원하려는 열정에서 지속적으로 대항해서 싸우는 수동적인 수용의 좋은 모델이 된다. 이것이 바로 예수님 자신이 믿음이나 회심이나 크리스천의 삶을 묘사할 때 작은 아이를 모델로 삼으신 이유이다.

예수님은 작은 아이를 부르시고 어른 들 가운데 세우셨다. 그리고 말씀하시기를,

> 진실로 너희에게 이르노니 너희가 돌이켜 어린 아이들과 같이 되지 아니하면 결단코 천국에 들어가지 못하리라. 그러므로 누구든지 이 어린아이와 같이 자기를 낮추는 그이가 천국에서 큰 자니라. (마태복음 18:2-4).

무력한 어린아이는 회심에 대한 ("너희가 돌이키지 아니하면") 우리의 모범적인 본보기가 된다. 칭의에 있어서 인간적인 자랑에 대한 여지는 우리의 능력 속이나 우리의 행위 속에 전혀 없다 ("누구든지 이 어린아이와 같이 자기를 낮추는 그 이가"). 세례에서 유아는 수동적으로 하나님의 은혜를 받으며, 그리스도에게 연결되고 변화를 받는다. 성령은 그 아이 속에 거하시므로, 아이는 살아있는 믿음을 갖는 것이다. 그리고 이 믿음은 어린아이가 일단 태어나면 계속해서 양분을 섭취해야지 그러지 않으면 죽는

것처럼, 하나님의 말씀을 들음으로써 지속적으로 영양을 취해야 한다.

그러나 우리는 세례를 감상적으로 다루면 안 된다. 세례는 단순한 의식이 아니다. 부모님, 친척, 친구, 그리고 온 교회가 갖는 좋은 기분이 있고, 레이스가 달린 작은 세례복을 입은 아이의 귀여움이 있지만, 아이는 세례 받을 때 성례전적으로 죽는다. 세례의 물은 씻음을 의미할 뿐 아니라, 수장(水葬)을 의미한다. 세례는 신약성서에서 말하듯, 장사지내는 것이다.

세례 받을 때 아이는 또한 이름을 받는다. 그러나 아이 자신의 독특하고 개인적인 이름에 하나님의 이름이 결합되어 있다. 사실 세례를 만드는 것은 그저 물만이 아니라 하나님의 이름이다 ("나는 너에게 성부와 성자와 성령의 이름으로 세례를 주노라"). 하나님의 이 말씀이 그 분의 임재를 기원한다. 그리고 성례전 속에서 아이의 정체성은 그 아이를 창조하신 성부와 그 아이를 대속하신 성자와 그 아이를 믿음 속으로 인도하시는 성령의 정체성 "안으로" 불려 들어간다.

세례는 루터란의 영적인 삶에서 지속적인 역할을 한다. 우리는 항상 "당신의 세례를 기억하라"고 말씀을 듣는다. 그대가 매일 얼굴을 씻을 때 그대의 세례를 생각해야 한다고 루터는 말한다. 루터가 세례에 대해 설명한 교리문답서의 내용은 크리스천의 매일 매일의 삶에서 적용된다. 루터의 말을 다시 인용하자면, "우리 속에 있는 옛 아담은 모든 죄와 악과 함께, 매일 매일의 슬픔과 회개에 의해 익사되어야 하며 처형되어야 한다." 그리하여 "깨끗이 씻고 의롭게 되어 하나님의 존전에서 영원히 살기 위하여 새로운 사람이 날마다 나타나고 부활해야 한다."[11]

세례 받은 사실은 구원의 확신과도 연결되어 있다. 오늘날 많은 크리스천들은 자신이 *진정*으로 예수 그리스도에 대해 개인적인 결단을 내리고 그를 자신의 주님과 구세주로 영접했는지에 대해 걱정한다. 사실 사람들이 이전에 진정으로 결단을 하지 않았을 경우를 생각하여, 저들이 결단을 하고 앞으로 나오도록 초청하는 것이 대형 복음주의 집회의 고정 순서가 되었다. 제단 앞으로의 초청은 일종의 복음주의적 성례전이 되었다. (내 학생들 중에 *거의* 앞으로 나갈 뻔했던 한 남자에 대한 이야기를 쓴 학생이 있었다. 그 이야기에서 이 남자는 설교자가 회중에게 한 번 더 초대의 합창을 부르게 했다면 아마 앞으로 나갔을지 모르지만, 바로 그 날 저녁 자동차 사고를 당해 그의 영혼이 지옥에 가게 되었다고 그 학생은 썼다.) 그러나 의지의 내면적 변화에 대해 강조하는 것은 그리스도께서 해 놓으신 것보다는 *그 사람이* 구원받기 위해 무엇을 해야 하는지에 대해 초점을 맞춘다는 점 외에도, 근본적으로 주관적이며 따라서 불확실할 수밖에 없다.

은총만으로 구원받는 다는 것을 믿는 사람들에게 잘 생기는 다른 종류의 불확실성은, 하나님이 믿음의 선물을 주시려고 선택하신 이들 중에 자신이 포함되지 않을지 모른다는 두려움이다. 루터는 자신이 하나님의 예정된 자인지 아닌지에 대해 고민하는 이들에게 그들 자신 밖에서 일어난 한 가지 사실을 가리키면서 답을 주었다. 그는 그런 이들에게 "당신은 하나님의 세례 받은 자녀이다"라고 말해 주려고 했다. 의심과 두려움과 심지어 절망의 순간에 자신들에 대한 하나님의 사랑을 염려하는 사람들, 자신의 구원과 그리스도안의 참여를 의심하는 사람들에게, 크리스천은

---

11) "The Small Catechism of Dr. Martin Luther," Article IV, question 4, in The Book of Concord, p. 349.

자기 속으로 눈을 돌리면 안 된다고 하였는데, 왜냐하면 구원을 의심할 수 있는 이유를 거기서 더 많이 발견할 수 있기 때문이었다. 루터란은 은총이 객관적이라고 주장한다. 크리스천들이 확실성을 얻으려 한다면, 그들의 구원이 세례의 물처럼 손으로 만질 수 있는 객관적인 사실이며, 시간과 공간에서 봉인 된 사실이라는 것을 알아야 한다.

루터란은 항상 "당신의 세례를 기억하라"는 말을 듣지만, 그 의미는 늘 "당신이 세례 받았다는 사실을 기억하라"는 의미이다. 이는 실제적인 사건이 늘 기억에서 사라지기 때문이다. 그러나 나는 내 세례를 실제로 기억할 수 있다.

여기서 말한 모든 것은 성인들이 세례를 받을 때도 사실이다. 나는 성인이 되어, 더 정확히 하면 청년기에 세례를 받았다. 그리하여 나는 세례를 받는 것이 어떠한지 회상할 수 있는 특권을 갖고 있다. 이것은 내가 루터란이 되기 오래 전 일이다. (그나저나 루터란은 어느 교회에서 받은 세례이건 인정한다. 결국 물과 함께 세례를 구성하는 것은 하나님의 말씀과 이름이지 목사의 신학이 아니기 때문이다. 엄격히 말해서 세례는 인간의 행위가 전혀 아니다. 루터가 말했듯이 세례를 베푸시는 이는 하나님이시다.)

내가 열 두 살쯤이라고 생각되는데, 그 때 나는 어린 아이처럼 아는 것이 없었다. 나는 제단의 부름에 따라 나가서 (이것은 비루터란적 의식인데) 온 몸이 물에 잠김으로써 세례를 받았다 (이것도 비루터란적 의식이다. 물론 침례식은 충분히 인정할만하고, 내 생각에는 익사되고 장사되는 의미를 전달하는데 효과가 있다고 할 수 있지만).

나는 그 때의 경험을 생생하게 기억하고 있다. 세례반(洗禮

盤)은 교회 정면에 있는 제단의 벽속에 만들어진, 물로 가득 찬 통이었으며 평소에는 커튼으로 가려져 있었다. 세례식이 있을 때에는 커튼이 열리고 요단강을 나타내기 위한 나무와 물과 하늘의 배경막이 보였다. 이 커튼이 열리고 세례식이 거행 될 때, 그것은 언제나 엄숙하고 신비로운 사건처럼 내게 다가왔다. 내 나이 또래의 다른 젊은이 몇 명도 같이 세례를 받았다. 내 차례가 되어 콘크리트 계단을 내려가 물에 들어갔을 때 다행히 물이 따뜻했던 것을 기억한다. 나는 오래된 청바지와 흰 셔츠 위에 흰 가운을 입고 있었는데, 그것은 물 속에서 출렁거렸다. 목사님은 성부와 성자와 성령의 이름으로 세례를 주시면서 누구나 아는 내 별명을 사용했다. 이 일은 내 나이가 어렸을 때 일어났기 때문에, 내가 지금도 스스로를 생각할 때 내 별명을 떠올리는 것 같다. 나는 교육 받은 대로 두 손을 코 위로 올리고, 목사님의 두 팔 안으로 기대었다. 그 때 따뜻한 물이 내 몸을 덮었다. 나는 오랜 시간처럼 느껴진 시간동안 물 속에 있다가 서둘러 물 위로 올라왔다. 나는 숨을 헐떡거리면서 호흡을 진정시키려고 했고, 물을 뚝뚝 흘리면서 의기양양해 있었다.

  세례식이 끝난 뒤 방에 들어가 옷을 바꿔 입은 다음 여전히 젖은 상태에서 내가 깨끗함 받고 다시 태어났다고 진정으로 느꼈다. 다음 날 주님을 위한 열정으로 가득 찬 채 나는 학교 운동장에서 가장 절친한 친구에게로 가서 그도 내가 얻은 중생의 체험을 가지기를 원하면서 나의 첫 번째 "전도"를 하였다.

  나는 말했다. "어얼, 너는 세례 받아야 돼." "왜?" 친구의 대답은 이해 못할 바가 아니었다. 나는 어색하게 멈칫거렸고, 훈련을 잘 받지 못했으므로 어떻게 대답해야할지 몰랐다. "뭘, 재미있잖아"하고 말했다. 그러나 내 신앙에 대해 그런 형편없는 증거를 댄 것에 대해 나의 마음은 주저앉았다. 나는 거기에는 그 이상이 있다는 것을 알고 있었으며, 또 더 이상 알아야 할 필요가 있다는 것을 알았다. 나는 결국 어린아이나 마찬가지였던 것이다.

다시 말하지만, 내 세례는 루터란 세례가 아니었다. 그리고 나는 나중에야 루이스의 글을 읽으면서 기독교 사상들에 대해 처음으로 진정한 입문을 하게 되었고, 그 보다 더 나중에야 성경을 읽고 믿었으며, 또 그보다 훨씬 나중에야 루터란 교회의 일원이 되었다. 이것도 내게는 여전히 시작에 불과했다.

성단의 성례

루터란 영성의 다양한 유형들을 상기해보자. 하나님과 우리와의 관계에서 행동하시는 분은 하나님이시다. 우리가 그를 찾는 것이 아니라 그가 우리를 찾으신다. (이것이 누가복음 15:4-7에 나오는 잃어버린 양의 비유에서 어떻게 극적으로 표현되었는지를 보라.) 우리가 하나님을 사랑하는 것이 아니라 그가 우리를 사랑하신다 ("사랑은 여기 있으니 우리가 하나님을 사랑한 것이 아니요 …" [요한일서 4:10]). 프랜시스 톰슨(Franscis Thompson)의 시(詩) "하늘의 사냥개"(The Hound of Heaven)에서, 우리는 하나님으로부터 도망치려고 하지만, 하나님은 우리를 뒤쫓으시고 끈질기게 바짝 쫓아오신다. 우리가 하나님께로 올라가는 대신 하나님이 우리에게 내려오신다. 크리스천은 세상에서 행동하도록 부름을 받았으나 (이것을 나중 장에서 볼 것이다), 하나님과 우리의 관계에서 모든 것은 하나님의 행동에 근거한다.

이 행동은 *객관적*이다. 하나님은 밖으로부터 우리에게 오신다. 그리스도와 성령께서 우리의 마음속에 거하신다는 것이 맞는 말이지만, 이 두 신성의 위격은 그저 우리의 심리적 상태, 우리의 경험들, 혹은 우리의 내적인 자아의 기능이 아니다. 루터란 전통의 풍부한 영적 문서들은, 분투하거나 의심하는 크리스천은 안을 쳐다보지 말고(그렇게 하는 것은 죄인 자신을 보는 것 일뿐이다), 객관적이고 만질 수 있는 그 어떤 것(즉 십자가, 하나님의 말씀, 하나님의 변치 않는 약속들)을 보아야 한다고 늘 말한다.

그러한 약속들이 내게 해당된다는 것, 그리고 내가 크리스천이며 구원 받았다고 하는 것은 변덕스러운 기억이나 결단 혹은 예정의 여부에 대해 고민하면서 갖는 기분에 의해서가 아니라, 객관적이고 손으로 만질 수 있는 역사적 사건에 의해 확립되었다. 루터는, "우리의 죄들이나 양심이 우리를 억누를 때, 우리는 '나는 세례 받았다! 그리고 내가 세례 받았으면 나는 영육 간에 구원을 받고 영생을 얻을 것이라는 약속을 가지고 있다'고 반박해야 한다"고 쓰고 있다.[12]

더 나아가, 하나님은 *물질적인 실체*를 통해 행하신다. "영적"이라는 단어는 보통 "물질적"이라는 단어의 반대말로 여겨진다. 그리하여 종교는 일종의 "물질적 영역"으로부터의 도피로서, 종교의 가치는 모든 종류의 "물질주의"에 반대되는 것으로 여겨진다. 동양 종교와 같은 많은 종교가 이러한 특질을 갖고 있다는 것은 사실이다. 힌두교에서는 물질 세상이 마귀가 만들어 놓은 착각이라고 보며, 구원받는다는 것은 감각의 속박과 육체적 실재에 대한 애착을 피하는 것을 의미한다. 기독교는 그와 반대로 항상 육체성에 대한 종교적 의미를 긍정해왔다.

사도 신조의 제1항목은 창조의 교리이다. 하나님은 물질적

---

12) "The Large Catechism," p. 442.

세계를 창조하셨을 뿐만 아니라 "심히 좋았더라"(창세기 1:31)고 하셨다. 제2항목은 성육신의 교리이다. 이 교리도 하나님 자신이 "하늘로부터 내려오시어 성령으로 성육하시고 동정녀 마리아에게서 태어나사 인간이 되셨다"는 가르침으로서, 물질적 영역을 승인한다.[13] 그리스도안에서 "말씀이 육신이 되셨다." (요한복음 1:14).

신조의 제3항목에서, 우리는 성령이 지상의 실체들 안에서 자신을 나타내신다는 것을 발견한다. 예를 들어 죽은 자들의 육체적 부활을 통해서 생긴 교회인 "성도들의 교제"가 바로 그것이다.

은총의 수단인 말씀과 성례전도 물질적인 것들이다. 교회를 가거나 가정을 이루며 사는 것이나 (우리가 나중에 다루겠지만) 일하러 가는 것과 같은 평범한 일들에는 영적인 중요성이 있다.

성령이 우리에게 믿음을 창조하고 영적인 성장을 주기 위해 사용하시는 은총의 수단들은 복음적이다. 말하자면, 이 은총의 수단들은 그리스도를 통한 죄용서의 복음을 담고 있다. 그것들은 비를 내리도록 한다거나 우리의 사업을 성공적으로 만드는 부적 같은 것이 아니다. 물론 이런 것들을 위해 기도할 수 있긴 하지만 말이다. 그 수단들은 영생을 수여하시는 하나님의 무조건적인 공로인 은총을 전달하는 데 목적이 있다.

성찬의 성례전에서 모든 루터란 영성이 명확하게 구체화된다. 하나님은 물질을 통해 객관적으로 일하시면서 복음을 구체화하시고 죄의 용서를 약속하신다. 그리고 이보다 더 한 것은 아

---

13) The Nicene Creed, in The Book of Concord, p. 18.

니 이 모든 것들을 효과적으로 만드는 것은, 예수 그리스도의 *실제적인 임재*이다. 이것은 또 하나의 놀라운 주장으로서, 많은 크리스천이 이것을 받아들이기를 주춤거린다. 그러나 이것은 루터란 복음주의의 고동치는 심장이다.

성경은 예수님께서 잡히시기 몇 시간 전에 떡을 떼시고 "이것은 너희를 위하여 준 내 몸이라"는 말씀을 하신 다음, 잔을 들고서 "이것은 죄 사함을 얻게 하려고 많은 사람을 위하여 흘리는 바 나의 피 곧 언약의 피니라"고 말씀하셨다고 기록하고 있다. 예수님은 또한 자신을 좇는 이들에게, "너희가 이를 행하여 나를 기념하라"고 말씀하셨다 (마태복음 26:26-28; 누가복음 22:19-20). 확실히, 성경은 떡과 포도주가 그리스도의 몸과 피를 *상징한다는* 것을 뜻하는 것 같다. 그러나 사실은 그렇지 않다. 루터란은 하나님의 말씀을 해석하거나, 구구한 설명을 통해 그 의미를 최소화하거나 합리화 시키려고 하지 않는다.

성찬에서 무엇인가 엄청난 일이 일어난다는 것을 가리키는 다른 성경 구절도 분명히 있다. 바울 사도는 고린도교회 교인에게 엄숙히 경고한다. "그러므로 누구든지 주의 떡이나 잔을 합당치 않게 먹고 마시는 자는 주의 몸과 피를 범하는 죄가 있느니라. 사람이 자기를 살피고 그 후에야 이 떡을 먹고 이 잔을 마실찌니, 주의 몸을 분변치 못하고 먹고 마시는 자는 자기의 죄를 먹고 마시는 것이니라" (고린도전서 11:27-29). 이것은 그저 상징적으로만 들리지 않는다. 이것은 마치 "주님의 몸과 피"가 *거기*에 있는 것으로, 즉 주님의 몸과 피가 능력 가운데 거기에 있으며 사람들이 이러한 사실을 받아들여야 한다는 것처럼 들린다. 어쨌든 성례전에 대한 루터란의 지극히 높은 견해는 바로 하나님의 말씀에 대한 그들의 지극히 높은 견해와 직접적인 연관이 있다.

그래서 만일 그것이 진실이라면? *부활하신 그리스도는* 실제적으로 떡과 포도주의 요소 가운데 실제로 임재해 계신다. 우리는 하나님을 찾고 있다고 간혹 말하면서, 우리가 예수님을 만날 수 있다면 얼마나 좋을까 하고 이야기한다. 그리스도께서 우리에게 나타나만 주신다면, "그가 여기 계시다"고 하면서 믿을 수 있을 것이라고 말한다.

그리스도는 제단에만 계실 뿐 아니라, 자신을 우리에게 주신다. 떡을 먹을 때, 우리는 십자가상에서 찢기신 그의 몸을 친밀하고 개인적인 방법으로 받는 것이다. 포도주를 마실 때, 우리는 언약을 확정하시고 죄의 용서를 확신시킨 그의 피를 받는 것이다. 우리는 십자가에 달리시고, 부활하시고, 승천하신 그리스도와 말 그대로 연합하게 된다. 이 때 우리가 있는 이곳과 골고다, 그리고 현재와 영원 사이의 다리가 놓여지는 것이다.

사람들은 그리스도와의 이 교제가, 그의 제자들이 누렸던 것보다 더 직접적이고 가까우며 친밀한 것이라고 말해왔다. 다시 말하지만, 그리스도는 우리에게 오신다. 그것은 우리가 하는 무엇이 아니라 그리스도께서 하시는 일이다. 그것을 우리는 그저 받기만 하는 것이다. 성찬은 복음과 다를 바 없다.

아마 성례전을 구성하는 하나님의 말씀 중에서 가장 의미심장한 말은 "너를 위해 주는 것"이라는 말이다.[14] 떡과 포도주를 받는 사람은 성찬에서 제공된 그리스도의 몸과 피가 "너를 위한 것"이라는 음성을 듣는다.

여기에 모호한 점이란 전혀 없다. 나의 결단에 대해 걱정할 필요가 없고 내가 구원을 받기 위해 예정되었는지 아니면 내가

---

14) 다음을 읽으시오. The Book of Concord, pp. 352, 450.

죄가 있는지 없는 지의 여부에 대해 걱정할 필요가 없다. 성찬에서 그리스도는 자신을 내게 주신다. 그의 모든 약속과, 그가 나의 구속을 위해 하신 모든 것과, 십자가상에서의 죄사함은 너무도 명백하여 그것들의 맛을 볼 수 있을 정도이다. 나는 사실 첫 번 제자들이 그랬던 것처럼, 부활하신 그리스도를 정말 만지고 있는 것이다. 그리고 이 자양분을 받을 때 내 귀에 울리는 하나님의 말씀은, 그리스도의 몸과 피가 *나*를 위한 것임을 말해준다. 그것은 나의 죄가 실제적으로 용서받았다는 것을 의미하며 내가 하나님의 호의를 확신할 수 있다는 것을 의미한다.

처음으로 루터 교회를 가기 시작했을 때, 나는 사람들이 성찬을 받기 위해 앞으로 나가는 것을 보는 것과 목사님이 그들에게 하는 말씀을 듣는 것만으로도 매료되었다. 물론 우리 부부는 교육을 충분히 받을 때까지 받으러 나갈 수가 없었다. 또한 우리는 먼저 신자들의 이 특별한 공동체 또는 이 "친교"의 실제적인 구성원이 되어야 했다. 이 친교는 성찬을 먹음과 마심으로써 성립된 매우 긴밀한 것이었다. 그래서 나는 처음에는 그저 바라보기만 했다. 나는 예수님이 "너에게"라고 하시면서, 십대의 젊은이와 아기의 엄마와 의사와 휠체어를 탄 숙녀에게 자신의 몸과 피를 주시고 있는 것을 보았다. 목사님은 계속해서 "너를 위하여, 너를 위하여"라고 말씀하고 있었다.

습관처럼 줄을 섰다가 성찬을 받고 되돌아오는 교인들은 성찬 참여를 판에 박힌 일처럼 한다고 볼 수 있다. 비록 어떤 때에는 그 얼굴들 중 하나에 나타나는 천사와 같은 표정을 보고 놀라기도 하지만. 그러나 습관적인 면은 문제가 되지 않는다. 하나님은 저들의 일용할 양식, 그리고 그 자신을 가지고서 규칙적으로 그의 백성을 먹이신다. 이것은 하나님의 행위이며, 우리가 아무리

눈이 멀고 감각이 둔하다고 해서 그의 선물의 일부가 없어지는 것은 아니다.

나도 간혹 성례전을 당연한 일처럼 받을 때도 있지만, 그리스도의 진정한 임재에 의해 압도당하는 때도 있다. 내가 처음으로 성찬을 받았던 때는 나의 세례와도 같은 것이었다. 성례전의 전병(煎餅)은 가벼웠으나 씹어야만 했다. "이것은 너의 주님이시며 구세주이신 예수 그리스도의 참된 몸이라"는 목사님의 말씀을 들었다. 그리고 포도주의 강한 맛은 나를 당황하게 만들었다. 시면서도 달콤한 포도주 맛을 느끼면서 "이것은 너의 주님이시며 구세주이신 예수 그리스도의 참된 피라"는 말씀을 들었다. 그 모든 것은 너무나도 구체적이고 실제적이었다.

음식이 없으면 우리는 굶어 죽게 된다. 우리는 우리의 육체적 생명에 영양분을 제공하기 위해 먹어야만 한다. 그렇지 않으면 우리는 약해지고 초췌해진다. 우리의 몸을 지탱할 수 있는 유일한 음식은 다른 생명들의 죽음으로부터 온다. 우리의 영양분을, 피가 들어 있는 스테이크로부터 얻든지, 채식주의자의 냄비 속에 들어 있는 식물로부터 얻든지, 육체적 차원에 있어서 조차도 다른 생물의 희생이 없이는 생명이 있을 수 없다. 육체적 생명에 관한 이치는 영적인 생명에 관해서도 마찬가지이다. 희생이 있을 때에만 우리는 살아갈 수 있다. 그리고 우리가 지속적으로 자양분을 섭취할 때에만 우리는 살아갈 수 있다.

그리스도의 복음은 우리를 변화시키지만 또한 우리의 영을 윤택하게 한다. 우리는 그리스도를 계속해서 받아야 할 필요가 있다. 루터란의 성례전적 영성에서 말씀과 성례전은 은총의 수단들이다. 이것들은 만질 수 있고, 또한 물질적인 수단들로서 하나님이 그리스도의 복음을 전달하는데 사용하시며, 그리스도는 우리를 변화시키시고, 먹이실 뿐만 아니라 실제적으로 그의 교회 안에 임재 하신다.

제 3 장

십자가의 신학:
숨으시는 하나님

　　그리스도가 스티로폼처럼 생긴 저 작은 떡 전병(煎餠) 한 조각과 한 모금의 떫은 포도주안에 구원을 주기 위해 실재하신다는 생각은 이상하게 보일 수 있다. 혹은 하나님이 먹과 종이와 제본된 문자 책을 통해 우리에게 말씀하신다는 생각도 이상하게 보이고, 목사의 설교가 우리의 마음속에 믿음을 창조하기 위해 성령에 의해 사용된다는 생각도 이상하게 보인다. 이러한 생각들은 일상적인 교회 예배에서 진행되는 것에 대한 놀랄만한 주장들인데, 그러한 예배의 특징은 힘없이 부르는 찬송가, 아기들의 울음소리, 안절부절 못하면서 자리에 앉아 있는 회중 아닌가? 이렇게 지극히 일상적이고 때로는 따분한 배경이, 그렇게 높고 거룩한 영적 현존의 무대가 될 수 있다고 믿기가 어렵다.
　　기독교의 중심적인 사건에 대해서도 물론 동일한 이야기를 할 수 있을 것이다. 하나님이 여기 저기 떠돌아다니는 유대 목수로 살기 위해 하늘에서 내려 오셔서는 고문에 의한 처형으로 최후를 맞이하였다는 것 말이다. 사람들은 그가 왕으로 와서 백성의 추앙을 받으면서 원수들을 정복할 것이라고 생각했을 것이다. 그가 연약함과 굴욕과 배척당함과 고난 중에 오셨다는 것은 아무리 약하게 말하더라도 예상 밖의 일이다.

  오늘날 영적인 사람이 되기를 원하는 이들은 하나님이 간혹 멀리 계신 것 같다는 것을 고백할 수밖에 없다. 일상생활의 평범성, 참고 져야하는 물질적 짐, 시계 쳇바퀴 같이 돌아가는 일상사, 우선순위의 현실적인 일들은 자주 우리의 초월감을 모두 질식시켜버린다. 게다가 실제적인 고난의 현실이 있다. 우리가 실패나 질병이나 사랑하는 이의 죽음에 직면하거나 우리 자신의 죽음이 지루하게 질질 끌어갈 때, 우리는 "하나님이 지금 어디 계시느냐"고 번민에 찬 물음을 하게 된다.

  이사야 선지자는 국가의 타락과 정치적 붕괴와 하나님의 심판의 한 가운데에 서서, "진실로 주는 스스로 숨어 계시는 하나님이시니이다"(이사야 45:15)고 결론을 내린다. 하나님이 숨으셨다는 것은 물론 그가 계시지 않는다는 말은 아니다. 오히려, 숨겨져 있는 이는 보이지만 않을 뿐이지, 실제로는 존재하신다. 방안에 숨은 아이는 틀림없이 거기 있는 것이다. 하나님은 자신을 숨기시되 자주 우리가 전혀 기대하지 않을 곳에서, 곧 십자가형을 당한 범죄자, 성경책, 세례의 물, 성찬의 떡과 포도주, 병에 걸린 목사, 시련과 고난, 일하면서 가족을 부양하는 일상의 사람들 속에서 스스로를 숨기신다.

  하나님의 숨으심은 루터의 영성 중에서 가장 심오한 주제들 중 하나이다. 이 주제는 "십자가의 신학"이라는 것의 일부인데, 십자가의 영성이라고 생각하는 편이 더 나을 수 있다. 그것은 그리스도의 사역과 그의 현존, 그리고 우리가 어떻게 그에게 가까이 갈 수 있는가 하는 것과 관련이 있다. 십자가의 신학은 크리스천이 극히 진실되고 참되게 삶을 살아갈 때 겪을 수밖에 없는 어려움과 곤경도 다룬다.

십자가의 신학 對 영광의 신학

대부분의 서점의 "영성" 코너에는 모든 문제를 풀어주고 우리를 성공의 정상으로 이끌 수 있는 다양한 기술과 가르침을 제공하는 제목들로 즐비한 책장들을 발견할 수 있다. 명상, 요가의 육체적 훈련, 통속적 심리학, 긍정적 사고의 원리, 이 모든 것들은 우리에게 능력을 줄 수 있다고 약속한다. 이것들을 제대로 적용한다면 개인적인 평화와 행복을 가져 올 뿐만 아니라, 체중 감량으로부터 시작하여 암의 정복과도 같은 개인의 육체적 건강 증진까지도 얻을 수 있다고 약속한다. 영적인 훈련이 캐리어 발전을 위한 방법으로도 제공되고 있다. 그리하여 비즈니스에 관한 책이 흔히 영성에 관한 책과 구별하기 어려울 정도가 된다. 이 책들 속에는 매출을 많이 올릴 수 있는 긍정적 사고의 자기 암시와, 불 위를 걸어가는 훈련과, "상상"의 기법이 소개되어 있다. 어떤 책은 자아실현에 대해 말할 때, 전통적으로 하나님에게만 제한적으로 사용되던 용어를 자아에게 사용할 정도까지 되었다. 자아가 창조주가 되고 ("당신은 스스로의 실재를 창조 한다"), 율법의 수여자가 되어서 ("당신은 자신에게 옳은 것이 무엇인지 스스로 결정 한다") 구세주에 대한 필요성을 제거한다. 뉴 에이지 영성은 자아가 사실은 하나님이라는 것, 그리고 우리가 제대로 깨닫기만 한다면, 모든 사물이 동일한 신적 일체성을 나누어

가진다고 주장한다. 오늘날의 많은 통속적인 종교들에서, "영성"은 세속적인 목적을 위하거나, 자아를 증진시키는 목적, 즉 능력, 즐거움, 어떤 경우에는 신화(神化)를 달성하기 위한 수단이 된다.

뉴 에이지 진열대에 있는 내용들을 기독교 서점에서도 찾아볼 수 있다. 오늘날 기독교 서점의 진열대에도 자신의 건강과 행복과 번영을 위해 하나님을 이용하는 책들로 가득 채워져 있다. 기독교 다이어트 책도 있고, "예수 그리스도의 경영 기법"에 관한 책도 있고, 그리스도를 세일즈맨의 대가로 분석해 놓은 책도 있다. 다른 책들은 좀 더 심각한 관심사들을 다루는데, 자녀 양육 문제와 사회를 향상시키는 것에 대한 해결책을 제공한다. 그 책들의 표지는 거창하고 흥분된 주장들을 담고 있다. 우리가 책에서 제시된 단계들을 밟으면, 가정 문제가 해소될 것이고, 우리의 몸은 원하는 대로 움직일 것이고, 경제적인 문제는 사라질 것이고, 국가의 문제가 풀릴 것이고, 교회는 성장할 것이고, 우리는 영원히 행복하게 살 것처럼 주장한다.

물론, 성경에는 우리가 어떻게 살아야 할지에 대해 해 줄 말이 많이 있다. 또한 성경의 지혜는 가정의 삶과 문화적 이슈들을 심오한 방법으로 구체화할 수 있다. 사실 "소명"을 다루는 다음 장에서 볼 것이지만, 겉으로는 세속적으로 보이는 경영자나 외판원의 직책, 그리고 무엇보다도 부모 역할에 대해 기독교 신앙은 많은 조언을 줄 수 있다.

그러나 기독교 영성과 자력훈련을 혼합할 때 생기는 문제는, 다양한 만병통치약이 장담하는 효과를 실제로는 내지 못한다는 것이다. 가장 훌륭한 기독교 가정도, 갈등과 다루기 힘든 문제와 당황스럽게 하는 실수를 여전히 경험한다. 가장 신실한 크리스천일지라도 부도를 낼 수 있고, 신경쇠약에 걸릴 수 있거나, 심장병에 걸릴 수도 있고, 병이 낫지 않을 수 있다.

　이럴 때 이러한 책들은 우리의 실패감만 강조할 뿐이지, 별로 도움이 되지 않는다. 비록 그 책들이 제시하는 단계적 영적 원리들이 맞는 것일지라도, 하나님의 율법을 지킬 수 없는 우리의 무능력으로 인해 우리는 결코 그 원리들을 일관되게 따를 수 없다. 비록 우리의 실패를 억누르고, 더 열심히 노력 하고 (그리고 더 많은 책을 사고), 세상에 대해 더 긍정적인 태도를 견지하더라도, "승리하는 크리스쳔"의 이상은 도달할 수 없는 것으로 드러난다. 이런 식으로 우리는 부정직과 속임수에 의존하게 된다.

　루터는 이러한 종류의 자기과장과 성공지향적인 힘의 영성을 "영광의 신학"이라고 불렀다. 물론 이 신학의 매력은 이해할 만하다. 본질적으로 우리는 성공과 승리와 행복을 원한다. 이러한 것들을 약속하는 어떤 종교라도 우리는 매력을 느낄 것이다. 우리는 완벽하면서도 이해 가능한 대답과, 손으로 만질 수 있는 영적 능력의 증거를 원하며, 이것들이 인상적이며 효율적으로 잘 운영되는 기관에 의해 전달되기를 원한다. 그런데 하나님은 그 대신에, 십자가를 우리에게 주신다.

　나는 선교사들이 예수님을 부족의 신앙을 따르는 이들에게 설명하는데 있어 간혹 어려움을 겪는다는 말을 들었다. "우리의 신(神)은 위대한 전사"라고 그들은 응답하곤 한다. "우리의 신(神)은 당신네 예수처럼 죽임을 당하지 않을 것이다." *십자가의 신학*은 모든 자연 종교, 즉 영적인 시스템 속에서 우리가 기대하고 원하는 모든 것을 철저히 배격한다. 하나님은 자신을 추상적인 원칙으로 드러내지 않으시고 하늘로부터 내려오셨다. 순전한 에너지로서가 아니라, 아이로 오셨다. 그는 태어나시되 수치스럽게도 가난한 처녀에게서 나셨고, 왕의 궁전에서가 아니라 동물들의 마구간에서 나셨다. 물론, 천사들이 그의 오심을 축하했지만, 그들은 이 사실을 왕에게 알린 것이 아니라 목자들에게 알렸다. 하나님의 아들은 일평생 내내 자신에게서 영광을 비우셨다 (빌립보서 2:6-8).

물론, 이 예수는 능력이 있고, 병자를 고치고, 자연까지도 지배하신다. 그러나 그는 인기 없고, 조롱받고, 방 한 칸 없는 이로 계셨다. "여우도 굴이 있고 공중의 새도 거처가 있으되 오직 인자는 머리 둘 곳이 없다" (마태복음 8:20). 예수님에 대해 다음과 같이 예언되었다.

> 그는 주 앞에서 자라나기를 연한 순 같고 마른 땅에서 나온 줄기 같아서 고운 모양도 없고 풍채도 없은즉 우리의 보기에 흠모할만한 아름다운 것이 없도다. 그는 멸시를 받아서 사람에게 싫어 버린바 되었으며 간고를 많이 겪었으며 질고를 아는 자라. 마치 사람들에게 얼굴을 가리우고 보지 않음을 받는 자 같아서 멸시를 당하였고 우리도 그를 귀히 여기지 아니하였도다. (이사야 53:2-3).

하나님의 아들이 이렇게 오신다는 것이 이상하다. 더욱이 이 예수는 체포되어 재판을 받고, 형 집행을 당하고, 십자가에 못박히셨다. 예언자는 계속해서 말한다.

> 그는 실로 우리의 질고를 지고 우리의 슬픔을 당하였거늘 우리는 생각하기를 그는 징벌을 받아서 하나님에게 맞으며 고난을 당한다 하였노라. 그가 찔림은 우리의 허물을 인함이요 그가 상함은 우리의 죄악을 인함이라. 그가 징계를 받음으로 우리가

평화를 누리고 그가 채찍에 맞음으로 우리가 나음을 입었도다. 우리는 다 양 같아서 그릇 행하여 각기 제 길로 갔거늘 여호와께서는 우리 무리의 죄악을 그에게 담당시키셨도다. (이사야 53:4-6).

우리가 기대했음직한 신약에서가 아니라 구약의 이 장에서, 이사야는 그리스도의 연약함이 우리 자신의 연약함에 얼마나 강한 인상을 주는지 예언하고 있다. 십자가상에서 그는 우리의 죄와 허물만을 지신 것이 아니라, "우리의 연약함"과 "우리의 슬픔"도 지셨다.

이 이야기의 나머지 내용은, 그리스도께서 죽은 자들 가운데서 부활하셨다는 것이다. 그는 본래 계셨던 자신의 영광 속으로 승천하시었다. 그리고 니케아 신앙고백에서처럼, "그는 영광 중에 다시 오실 것이다."[15] 또한 그를 따르는 이들은 영광 중에 살 것이다. 우리는 진정 영원히 행복하게 살 것이다. 그러나 우리가 이 땅에 사는 동안에는 십자가가 있다.

예수님은 말씀하신다. "아무든지 나를 따라 오려거든 자기를 부인하고 날마다 제 십자가를 지고 나를 좇을 것이니라" (누가복음 9:23). 또한 그 반대로, "누구든지 자기 십자가를 지고 나를 좇지 않는 자도 능히 나의 제자가 되지 못하리라" (누가복음 14:27)고 하신다. 이것은 우리가 예수님처럼 고난을 당해야 한다는 말이 아니다. 더군다나 고난이 일종의 공적을 쌓는 일이거나 우리의 죄에 대한 보상은 아니다. 이 모든 일은 예수님이 우리를 위해 해주셨다. 이것은 영성의 삶이, 고난과 패배와 연약함과 관

---

15) The Book of Concord, p. 18.

계가 있다는 것을 의미한다. 우리가 좋아하는 "영광"의 체험에만 관계있는 것이 아니다.

그러나 이것은 예수님이 우리에게 관계하시는 특이한 방법을 의미한다. 우리가 보았듯이, 믿음에 이르는 것은 율법에 의해 깨어지는 것, 우리의 도덕적 실패를 인정하는 것을 의미한다. 스스로의 노력으로 자신을 구원하려는 율법주의적 종교는 매우 뚜렷하게 *영광의 신학*으로서, 성공을 당연한 것으로 낙관하며, 성공하고 덕이 있는 사람의 능력에 찬사를 보낸다. 그러나 우리가 얼마나 잃어버림 받은 존재라는 것을 깨달을 때, 우리는 십자가에 매달리면서, 그리스도께서 우리가 스스로를 위해 할 수 없는 것을 대신 해주시기를 신뢰한다. 이것이 구원하는 믿음이며, *십자가의 신학*이다.

일상적인 삶 속에서 우리는 여전히 우리의 문제를 갖고 있다. 그러나 이것들도 그리스도에게 관련되어 있다. 우리의 십자가들은 그의 십자가에 연결되어 있다.

십자가를 지는 것

십자가의 신학에 대한 가장 좋은 책 중의 하나는 리차드 아이어(Richard Eyer)가 쓴 것으로서, 그는 수년 간 병원 원목으로 일하면서 병자들과 죽어 가는 이들을 보살폈다. 『십자가 아래에서의 목회적 돌봄』(Pastoral Care under the Cross) 에서 아이어 목사는 심장개복수술 후에 신장 투석을 하면서 집중적인 치료를 받고 있는 위티씨(Mr. Witti)라는 환자에 대해 쓰고 있다. 아이어 목사가 그와 함께 하나님의 뜻이 이루어지기를 기도 할 때마다 위티씨는 잘 알려진 루터란적 관습을 따라 성호를 긋는다.

그의 딸이 그를 방문하였을 때, 그녀는 얼굴 가득히 미소를 지으면서 하나님께서 아버지를 고치실 것이니 걱정할 것이 없다는 확신을 주려고 열중했다. 아이어 목사는 회고하기를, "그러나 웬일인지 그녀의 아버지는 이것으로 위안을 받지 못하는 것 같습니다. 그리고는 십자가를 긋기 위해 내 편 쪽으로 몸을 돌립니다." 그 딸은 믿음이 충분히 있으면 회복 될 것이라고 믿고 있는 것이다. "하나님의 의지에 대한 그녀의 이해에 있어서 연약함과 고난은 들어 설자리가 없는 것입니다." 그러나 그녀가 하나님을 자신의 의지에 복종시키는데 바쁜 동안 그녀의 아버지는 하나님의 의지에 복종하고 있었던 것이다. "그는 주님께 대한 인간의 신뢰의 중심에는 바로 십자가가 있다는 것을 알고 있습니다."[16]

아이어 목사는 관찰한다. "교구신도들이 자연의 아름다운 일출이나 대화 중의 감동적인 이야기들이나 혹은 교회 프로그램의 성공적인 수행 속에서 하나님의 손의 개입을 보기 원하는 만큼, 하나님은 바로 그리스도의 십자가 속에서 그리고 저들 자신의 십자가 속에서 그의 마음을 저들에게 드러내 보이신다." 영광의 신학에 의하면, "우리는 고통 중에 있는 우리에게 쾌유와 성공을 주심으로써, 하나님이 스스로를 정당화하시도록 요구하게 될 것이다. 우리가 원하는 것을 행하시는 하나님을 우리는 요구할 것이며, 하나님께서 우리에게 오기 위해 사용하시는 십자가의 길을 거부할 것이다. 우리는 고난 받는 것을 두려워하게 될 것이고, 믿음과 성실함을 잃으면서까지 고난을 피하는데 열중할 것이다."[17]

---

16) Richard C. Eyer, Pastoral Care under the Cross: God in the Midst of Suffering (St. Louis: Concordia Publishing House, 1994), p. 26.
17) 같은 책, pp. 27-28.

병원에 있는 환자들은 무력하다. 그들은 의료진과 의약품과 기계에 의존적이다. 많은 병자들이 생명을 연장시켜주는 기구에 의존적이 되는 것을 증오한다. "기계에 의존하고 있느니" 차라리 죽는 것을 선호한다. 우리의 문화는 또한 전적으로 의존적인 사람들로부터 거리를 두려고 한다. 의사의 도움을 받아 자살하는 것을 찬성하는 사람들은 고통을 당하거나 의존적이 되는 것보다는 죽는 것이 낫다고 주장한다. 안락사를 믿는 이들은 의존적이고 연약하고 고통 있는 삶은 살 가치가 없는 것이라고 하면서, 환자가 죽임 당하는 것이 어느 면에서는 자비라고 주장한다.

그러나 무력하고 전적으로 의존적인 것은, 다름 아닌 우리의 영적 상태이다. 우리는 자신을 구원하는데 있어 전적으로 무력하다. 우리는 하나님께 전적으로 의존적이다. 구원하는 믿음은, 스스로 만족스러워 하고, 강하다고 느끼고, 모든 것을 콘트롤하고 있다는 우리의 자부심을 버리는 것을 포함한다. 대신, 우리는 전적으로 예수 그리스도에게 의존적이다. "내 은혜가 네게 족하다. 이는 내 능력이 약함 가운데 완전케 됨이니라"고 주님은 바울에게 말씀하신다.

영적인 삶을 콘트롤 할 수 있기 위해 우리 스스로를 구원하고 영적인 독립심과 자족감을 키우고 싶어 하는 것은 자연스러운 일이다. 우리로 하여금 자신의 업적과 공적과 성취에 집중하도록 하는 율법의 종교들과 영광의 신학들에 대해 우리가 맹신하는 것은 놀라운 일이 아니다. 꼭 이루어야만 한다고 생각하는 것을 얻고 공적을 쌓고 성취하는데 있어서 실패를 거듭하면서도, 우리는 — 아무리 자기 합리화나 부정직함을 통해 우리의 실패들을 회피하려고 할지라도 — 영적인 자급자족에 대한 목표를 결코 바꾸지 못한다. 그러나 참된 복음적 영성에서는 이 태도가 깨어져야 한다. 그렇게 될 때 우리는 자신의 필요에 대해 바로 알게 되고, 우리의 신뢰를 우리 자신에게보다는 그리스도에게 놓게 된다. 복음 안에서, 독립적인 의식대신에 의존적인 의식이 들어서게 된다.

일상의 생활에서 우리가 독립과 자급자족과 콘트롤을 원하고, 의존적이 되기보다는 차라리 죽기를 더 원하고, 소위 "선한 행위들"을 행하는 능력의 관점에서 우리 자신의 가치와 다른 이들의 가치를 판단하는 것은 자연스러운 일이다. 앞으로 보겠지만, 이러한 태도는 세속적인 영역에서는 가치가 있을 수 있다. 그러나 세속적인 관점에서조차, 한 사회나 경제적인 시스템의 구성원들에서처럼 가족의 구성원들은 서로에게 의존적이기 마련이다. 철저히 자급자족을 원하는 태도는 믿음의 토대를 허물뿐만 아니라, 인간관계에 대한 하나님의 계획을 파괴시킬 수 있다.

이러한 자기도취가 율법에 의해 부수어지듯이, 일상의 생활에서 이러한 자기도취는 십자가를 짐으로써, 곧 실패, 좌절, 실망, 난관, 고투와 고난에 의해 부수어진다. 율법과 십자가는 둘 다 우리를 예수 그리스도에게 더욱 깊숙이 그리고 더욱 밀접히 의존하도록 내어몬다. 예수님은 우리의 죄와 고난을 자신의 십자가에서 만나시는 분이다.

숨겨진 삶

현대의 크리스천에게는 고난의 신학이 없다고들 한다. 우리는 어떤 대가를 치르고서라도 고난을 피하고 싶어 하는데, 이는 이해할 만한 일이다. 그러나 고난은 닥치기 마련이며, 우리가 그것을 어떻게 해야 할지, 아니면 그것이 의미하는 것이 무엇인지 알지 못한다.

고난의 사실은 종종 하나님이 존재하실 수 없다는 신호로 여겨진다. 사랑이 풍부하시고 전능하신 하나님은 고난이 일어나도록 하지 않고 누구나 다 행복하게 하실 것이라고 사람들은 생각한다. 그리고 이 세상은 많은 고난을 내포하고 있으므로 하나님은 존재할 수 없다는 것이다. 이보다 더 나쁜 것은, 고난당한다는 사실이 하나님에게 거부당했다는 의미로 간혹 여겨지는 것이다. 크리스천은 고난당하지 않을 것이라고, 믿음이 충분하면 하나님은 치유와 번영과 성공을 주실 것이라고 생각한다. 영광의 신학에 대한 우리의 기호 때문에, 오늘날 모든 교회가 좋은 건강에 대한 약속과 경제적 성공에 대한 약속위에 세워지고 있다. 성경적 원칙을 따르기만 하는 것이 아니라 "원하는 것을 말하고 요구하라"는 식의 신념의 행위를 한다. 루터란의 복음적 영성은 고난의 신학을 제공하는 데, 이것은 기독교적 삶에 실질적이고 실제적이며 또한 영적으로 강력한 패러다임을 제공해준다.

첫째, 십자가의 신학이 고난의 영적인 의미를 말할 때, 결코 고난을 영적 계몽의 수단으로 변호하지 않는다는 것이 강조되어야 한다. 십자가의 신학은 고행주의가 아니다. 곧 영적인 공적 혹은 육체에 유익이 되는 고행정화(苦行淨化)를 얻기 위한, 고통스러운 경험들의 자의적 수양이 아니다. 금식, 고문, 매질과 같이 세계 종교들에서 많이 실시되는 정교한 고행기술들은 고통을 포함할 수는 있으나, 이것들은 그 모든 자기 부정과 극기의 영웅적인 행위와 함께 여전히 영광의 신학 속에 분류되어야 한다. 비록 많은 루터란들도 사순절 극기를 실천 하지만, 결코 고행적이지는 않다. 루터는 우리의 십자가가 결코 스스로 택한 것이 될 수 없고, 결코 스스로에게 부과한 것이 될 수 없다고 가르쳤다. 우리가 스스로를 위해 선택하는 십자가는, 무엇이 되었든 큰 효과를 거의 내지 못한다. 오히려 우리 자신이 짊어지는 십자가는, 바로 우리가 자신을 위해 선택하지 않는 고난과 관계가 있으며, 외부로부터 우리에게 지워지고 우리가 아무런 통제를 할 수 없는 시련과 어려움과 관계가 있다.[18]

십자가를 진다는 것은, 물론 그럴 수도 있지만, 암환자나 자녀를 잃은 부모의 극적인 고난을 꼭 포함하는 것도 아니다. 십자가를 지는 것은 일상적 삶에서 일어나는 사소하고 평범한 장애와 오히려 더 관련이 깊으며, 4장에서 말하겠지만 우리의 소명 가운데 있는 어려움과 관련이 깊다. 권태와 약간의 우울증과 언짢은 기분은 육체적 고통과 감정적 혼란에 못지않게 십자가가 될 수 있다.

극적인 것이 되었든 평범한 것이 되었든 우리의 문제들은 모두 "시련"이다. 아무리 우리가 이것들을 피하려고 노력해도, 시련은 모든 이의 삶 속에 있는 어찌할 수 없는 부분임을 누구나 인정할 수밖에 없다. 십자가의 신학은 어떻게 이것들도 믿음의 삶 속에서 중요한 역할을 할 수 있는지 가르쳐준다.

십자가의 신학이 고난에 대한 손쉬운 대답을 제공하지 않으며, 왜 하나님이 좋지 않은 일이 일어나도록 허락하시는가에 대한 새로운 신정론(神正論: 하나님의 공의, 지혜, 선하심, 사랑에 대하여 그를 변호 하는 것 — 역자 주)을 제공하지 않는다는 것을 강조해야 한다. 루터에게 있어서 "왜"라는 문제와 씨름하는 것은 시련의 본질이다. 루터는 심지어 시련을, 하나님과 씨름하는 것

---

[18] 다음을 보시오. Gustaf Wingren, Luther on Vocation (Evansville, IN: Ballast Press, 1994), pp. 52-53. 이 책은 한국어로 출판되었다. 『크리스찬의 소명: 크리스찬의 사회적 기능』, 맹용길 역, 서울: 컨콜디아사, 1975) — 역자 주.

이라고 말한다. 간혹 하나님이 하나님 자신과 모순 되게 보일 때가 있다. 어떤 목사가 소명 받은 바로 그 사역을 하나님 자신이 방해하시는 것처럼 보일 때처럼 말이다. 루터는 아브라함이 자신의 아들을 희생시키라는 하나님의 자기 모순적인 명령과 투쟁하는 것을 인용하고, 어떻게 야곱이 하나님과 글자 그대로 씨름을 했는지를 주시한다.[19]

발터 폰 뢰베니히(Walther von Loewenich)는 루터를 인용하여 말한다. "가장 가혹한 시련은 자신이 하나님에 의해 버림받고 거절당했다고 믿을 때 온다. 그러한 시련은 오로지 '가장 위대한 성인들'에게만 온다."[20] 역설적이지만, 자신의 예정을 의심한다거나 하나님의 부재(不在)를 느낀다거나 하는 것 등과 같이 많은 전통에서는 영적 실패의 표지라고 할 만한 것들이, 루터에게 있어서는 감사하게도 영적인 거인들에게만 유보된 가장 큰 거룩함의 표지이다.

"그러한 상황에서 루터는 어떤 종류의 조언을 줄 수 있는가? 말씀을 붙잡아야 한다는 것 외에는 달리 줄만한 조언이 없다. 그리고 말씀은 루터에게 있어 그리스도이외에 아무 것도 아니다."[21] 루터는 자신의 글에서, 자신이 구원받았는지 의심하는 이들, 하나님이 자신들을 사랑하시는지 질문하는 이들, 자신들이 하나님이 용서하시지 않을 죄를 저질렀다고 생각하는 이들에게 성경에 있는 하나님의 약속들을 읽고 그의 말씀을 붙잡으라고 하고, 그들이 세례 받았다는 객관적 사실을 기억하라고 하고, 성찬에서

---

19) Walther von Loewenich, Luther's Theology of the Cross (Minneapolis: Augsburg, 1982), pp. 136-37.
20) 같은 책, p. 136.
21) 같은 책, p. 137.

그리스도의 피와 살을 받으라고 하고, 예수 그리스도의 십자가에 매달리라고 계속적으로 반복해서 말한다.

자신의 감정에도 불구하고 하나님의 약속의 말씀을 신뢰하는 것이 믿음이다. 이 때문에, 크건 작건 모든 시련이 믿음의 훈련을 쌓는 기회가 된다. "이는 우리가 믿음으로 행하고 보는 것으로 하지 아니함이로라" (고린도후서 5:7). 볼 수 없는 어두움 속에서 우리는 오로지 하나님의 음성에 귀 기울일 수 있다. 이렇게 함으로써 우리는 숨기우신 하나님께 더 가까이 갈 수 있다.

시련이 유익한 영적 효과를 가지고 오는 또 다른 이유는, 그것이 우리를 기도하게 만드는데 있다. 일어나고 있는 일을 감당할 수 없는 낭패스러운 상태에서, 혹은 자동차가 망가졌을 때, 혹은 암 진단을 받았을 때, 혹은 사랑하는 이가 죽음과 싸우고 있을 때와 같은 절망의 순간들 속에서 우리는 본능적으로 기도로 향한다. 불신자들조차도 그렇게 한다. 크리스천에게 있어서 이러한 어려움의 순간들은 하나님에 대한 절대적인 의존과 믿음의 핵심을 실현하는 것이다. 절망적인 곤경에 있을 때 우리는 특히 강렬하게 그리고 절실한 심정으로 기도한다. 이 때 우리의 마음은 더할 나위 없이 순수하고 순전하다. 구스타브 빙그렌(Gustav Wingren)은 루터를 인용한다. "이 같은 기도는 깊은 곤경과 절망가운에 있지 않는 이가 하기는 어렵다. '만일 곤경이 없고 우리를 무겁게 누르지 않는다면 무슨 종류의 기도가 될 것인가.'"[22] 다시 말하지만, 곤경의 낭떠러지에서 하나님께 부르짖는 것은 믿음의 행위이며, 숨으신 하나님이 우리 기도에 응답하면서 더 가까이 오시는 기회가 된다.

---

22) Wingren, p. 189.

어떻게 이 모든 것이 일상의 삶 속에서 실천되는지, 어떻게 믿음과 기도와 하나님의 숨으심이 하루하루의 삶을 변화시키는지는 다음 장의 주제이다. 지금 우리가 말할 수 있는 것은, 우리가 짊어지는 십자가들 속에서 하나님이 비록 숨어 계시지만, 즉 그를 볼 수 있거나 경험할 수는 없지만, 하나님은 그럼에도 불구하고 참으로 현존하시며 이 현존은 믿음으로 붙잡을 수 있다.

더 나아가, 크리스천의 영적 삶 자체도 숨겨져 있다. 바울은 말한다. "이는 너희가 죽었고 너희 생명이 그리스도와 함께 하나님 안에 감추었음이니라. 우리 생명이신 그리스도께서 나타나실 그 때에 너희도 그와 함께 영광 중에 나타나리라"(골로새서 3:3-4). 세례 받을 때 그리스도와 장사되고 믿음 안에서 그의 십자가와 연합된 후, 크리스천의 삶은 "숨겨져" 있다. 물론 죽은 자들이 부활하고 하늘에서 영원히 살 때에는 십자가가 없을 것이며, 하나님이 모든 것 속에 분명히 드러나실 것이며, 그 때는 영광을 위한 시간이 될 것이다. 그러나 지금 크리스천의 삶은 그리스도와 함께 숨겨져 있다.

우리는 지금까지 칭의에 대해 말하였다. 그러나 크리스천이 거룩함 속에서 자라는 성화에 대해서는 조금만 말하였다. 다음 장은 이 세상에서의 선행과 행위에 대해 다룰 것이다. 그러나 인간과 하나님과의 관계는 전적으로 믿음의 문제이지 인간적인 사항이 아니며, 성화의 많은 부분은 믿음 안에서 자라는 것이다. 다시 말하지만, 이것은 시련과 십자가를 통해 온다. 시련과 십자가 속에서 삶의 투쟁들이 우리로 하여금 하나님께 대한 의존 속에서 자라도록 강제하고, 또한 우리의 믿음 속에서 자라도록 강제한다. 앞으로 보겠지만, 선행은 믿음의 자연 발생적인 결과이다. 더 많은 선행을 할 필요가 있는 사람은 선행을 생산하기 위해 더 많은 믿음과 더 깊은 복음의 이해가 필요하다.

그러나 성화나 영적인 성장은 매끄럽게 진전되지 않는다. 믿음 속의 성장이 되었든 선행 속의 성장이 되었든 — 이 둘 다 성화의 교리 속에 내포되어 있는데 — 크리스천의 거룩함이 늘 명백한 것은 아니다. 실패, 위선, 의심, 사랑의 부족, 냉담함, 허위, 이기적 교만, 그리고 육체의 은밀한 죄들은 그리스도의 교회 안에서 쉽게 증명될 수 있다.

교회는 사실 자주 무력하고 약한 기관처럼 보인다. 크리스천들 혹은 교회에 오는 사람들은 자주 비(非)크리스천 이웃과 별로 달라 보이지 않는다. 크리스천들은 각기 그들의 삶 속에서 이러한 비난을 인정해야 하며, 사실 그들은 매일 이 비난에 대해 고백한다. 하나님과 갖는 그들의 관계는, 하나님께 가까이 가 있는 황홀한 때부터 하나님이 부재하시는 듯한 때까지, 영적인 에너지가 충만한 때부터 영적인 삭막함의 때까지, 자주 크게 흔들거린다. 종종 진전이 더디어 보이고, 실패했다가는 다시 시작하고, 그러다가도 이내 실패한다. 하나님이 크리스천의 삶 속에서 진정 일하고 계시다면 이보다 더 나은 것을 기대해야 하는 것 아닌가?

루터는 우리의 "옛 사람"이 어떻게 우리의 "새 사람"과 분쟁 중에 있는지에 대해 많이 말한다. 세례 받고 회심한 죄인은 내재하시는 성령을 통해 새로운 영적인 본질, 곧 그리스도안의 새로운 생명을 받는다. 그러나 유전적인 옛 사람의 죄성이 우리의 타락한 육체 속에 남아있다 (갈라디아서 5:16-26을 보라). 성령과 육체는 분쟁 중에 있으며, 크리스천은 죄성을 갖고 있는 자신의 육체에 여전히 굴복할 수 있다. "새 사람"이 믿음과 사랑 안에서 자라는 동안, 이 육체는 훈련받고 억제 되어야 한다. 죽음의 순간, 곧 육체가 사라져 버리는 때에만 이 대립은 해소될 것이다. 영생에 들어설 때, 중생한 본성은 전적인 완전을 얻을 것이다.

그러나 그 때까지, 새 사람은 숨겨져 있다. 이것은 단지 기독교인이 자신의 소명에서 실패하는 문제가 아니며 더더구나 핑계는 아니다. 하나님 앞에서의 그들의 진정한 정체성과 위치는 그들 자신에게도 숨겨져 있다. 반복하건대, 하나님은 십자가의 프리즘을 통해 크리스천을 보신다. 우리의 죄와 실패는 그리스도의 피에 의해 숨겨져 있다. 우리의 일상적인 삶은 숨겨져 있으며, 우리는 그리스도의 의의 옷을 입고 있다. 하나님이 크리스천을 보실 때, 그 분은 예수님을 보신다.

바울 사도가 말하듯이, 우리의 삶은 "그리스도와 함께" 숨겨져 있다. 우리의 죄는 십자가 안에 감추어져 있다. 우리의 의는 그의 의안에 감추어져 있다. 우리의 생명은 사실상 하나님으로부터 숨겨져 있다. 우리의 생명은 분명 우리 자신과 세상으로부터 숨겨져 있다.

이것이 우리의 영적인 보증에 대한 근거이다. 크리스천의 삶은 안전하게 숨겨져 있다. 죄를 회개하기를 거부하고 믿음을 거절하는 크리스천이 타락할 수 있다는 율법의 메시지를 루터란은 믿지만, 복음은 모든 두려움을 쫓아낸다.

예수님 자신도 말씀하신다. "바람이 임의로 불매 네가 그 소리를 들어도 어디서 오며 어디로 가는지 알지 못하나니 성령으로 난 사람은 다 이러하니라" (요한복음 3:8). 하나님의 영은 모든 크리스천의 삶 속에서 역사하시면서, 신비롭게 마음을 변화시키며, 말씀과 성례전과 함께 역사하고, 시련과 고난가운데에서 도우며, 하늘에서 하나님 앞에서 *거룩하게 설* 사람을 창조하신다. 그러나 이 과정은 육안에 자명할 수 없고, 자로 재거나 관측할 수도 없고,

크리스천 자신도 얼마나 멀리 진전했는지 꼭 알 수 있는 것도 아니다.

평균적인 교인은 그다지 인상적으로 보이지 않을 수 있다. 그의 실수는 눈에 띈다. 그는 성을 낼 수도 있고, 남의 소문을 퍼트릴 수도 있고, 세속적인 성향을 가질 수 있다. 게다가 그는 그다지 영적으로 보이지 않을 수 있다. 그러나 그의 생명은 그리스도와 함께 하나님 속에 숨겨져 있다. 매 주일 그는 심판과 용서에 대한 하나님의 말씀을 듣는다. 그는 스스로를 살피고, 그에게 주어지는 그리스도의 몸과 피를 받기 위해 제단으로 나간다. 그는 가끔 최고의 남편이 아닐 수 있다. 그러나 그의 부인이 죽을 때, 그는 비참함에 젖어 하나님께 울부짖는다. 그러한 사람은 종종 말이 별로 없다. 그러나 위기 상황일때는 깜짝 놀랄 만큼 강력한 믿음을 보인다.

우리가 영적인 능력을 기대하는 이유 때문에, 예배 출석자들이 "진정한 크리스천"인지를 묻고, "죽은 교회들"을 퇴짜 놓는 것이 오늘날 일반적 현상이다. 분명, 교회 출석자 가운데에는 비(非)크리스천도 있을 수 있고, 출석교인은 많이 있어도 복음을 더 이상 설교하지 않기 때문에 죽은 교회도 있다. 그리고 우리와 같은 사람을 부끄럽게 만드는 영적인 거인들이 있다. 그럼에도 불구하고 C. S. 루이스의 말을 빌린다면, 회중석에 앉아있는 보통의 남자나 여자는 하나님에게는 축복 받은 성자일 수 있으며, 그들을 우리가 제대로 알기만 한다면 그 앞에 무릎을 꿇고 싶은 충동이 생길 수도 있다. 우리는 외모로 판단 할 수 없는 것이다.

우리는 고난을 당할 때이거나, 하나님이 멀리 떨어져 계시거나 거부하시는 것처럼 보이거나 전혀 실재하시는 것 같지 않을 때, 외양으로 판단해서는 안 된다. 또한 물, 빵, 포도주가 교회 예배에서 사용될 때, 혹은 목사가 성경을 읽고 강단에서 말씀을 선포할 때, 무엇이 일어나는지 곰곰이 생각하면서, 외양으로 판단해서는 안 된다. 만일 외모로 판단한다면, 우리는 이 유대의 목수가 사실은 육신을 입은 하나님이심을 거의 생각할 수 없을 것이다. 엄격히 외모로 판단하자면, 그가 골고다에서 고문을 받고 죽으신 것은 혐오감을 일으키는 무의미하고 잔악한 행위일 것이다. 우리는 결코 그것이 전 세계의 구원이었다고 추측조차도 할 수 없을 것이다.

제 4 장

소명:
일상생활의 영성

하나님이 숨겨져 계신 또 하나의 장소가 있다. 곧 일상적 삶에서이다. 돈을 벌고, 장 보러 가고, 선량한 시민이 되고, 가족과 함께 시간을 보내는 것과 같은 판에 박힌 일들은 하나님이 인간적인 수단을 통해 일 하시는 영역이다. 루터는 부모, 농부, 노동자, 군인, 판사, 사업가와 같은 각종 직업들을 모두 "하나님의 가면들"이라고 묘사하였다.

루터의 "소명" 교리는 영적 삶을 이해하는데 대한 그의 가장 독창적인 공헌들 중의 하나라고 할 수 있다. 루터가 신성으로의 신비적 상승에 대해 비판하면서, 하나님께서 은혜의 수단을 통해 죄인에게 내려오신다고 주장한다면, 그는 일상생활의 신비주의라고 부를 수 있는 것에 대한 기초를 놓고 있다. 루터가 죄사함은 값없는 구원이라고 주장하면서 우리 선행의 결과임을 부정한다면, 그의 소명관은 매우 다른 영적 의미를 선행에 부여하고 있는 것이다. 루터가 간혹 인간들을 본질적으로 죄성이 있고 제한된 존재라고 극히 낮게 본다면, 소명관에서는 인간들을 놀라울 정도로까지 높인다. 그의 소명관에서는, 영성이 우리의 실제적이고 일상적인 삶을 변화시키기 위해 땅으로 내려진다.

오늘날 우리는 루터 당시 보다 더, 우리가 하는 일을 갖고서 스스로를 정의한다. 우리의 바쁜 일과(日課), 다방면에 걸친 의무, 우리를 동시에 여러 방향으로 잡아당기는 일 등이 우리를 기진맥진하게 만든다. 우리의 우선순위들이 옳은지 혹은 그 중 어느 것이 가치 있는 것인지가 늘 분명한 것은 아니다. 일은 윤리적인 타협을 내포하고, "세속적인" 우선순위를 두게 되고, 가족은 돌아보지 않기 때문에, 종종 영적인 삶에 이롭지 못한 것처럼 보인다. 일로 인한 압력도, 우리가 실패할 때든지 혹은 우리가 원하는 만큼 성공적이지 못할 때를 포함하여, 우리를 마비시킬 수 있다. 그러면서도 이런 종류가 되었든 저런 종류가 되었든, 일은 우리 삶의 한 가운데에, 곧 우리의 야망과 성취의 중심에 남아 있다.

"너는 크면 무엇이 *되려고* 하니?"라고 우리는 어린아이들에게 묻는다. 그리고 우리는 "훌륭한 사람" 혹은 "자연을 즐기는 사람" 혹은 "다양한 취미를 갖춘 사람"과 같은 종류의 대답을 기대하지 않는다. 우리는 직업을 생각한다. "나는 교사입니다" 혹은 "나는 기계공입니다" 혹은 "나는 사무원입니다"라고 말한다. 우리의 존재 자체가 우리 직업의 묘사에 밀접히 관련되어 있다.

분명, 이렇게 우리의 존재자체를 우리의 일과 하나로 묶는 것은 그릇된 혼합일 수 있다. 우리는 자신의 일을, "나는 남편이다, 부인이다" 혹은 "나는 부모이다" 혹은 "나는 시민이다"와 같은 아마 더 중요한 임무들을 소홀히 하는데 대한 구실로 삼을 수 있다. 자신이 하는 것에 대해 보수를 받지 못하지만 그럼에도 값으로 계산할 수 없는 일을 하는 주부나 전업(專業) 부모 같은 사람들은, 은퇴자들처럼 사람 구실을 제대로 못한다는 느낌을 스스로 갖게 된다. 우리가 직업을 서로 비교하고 사람들을 그들 직업의 인기도에 따라 평가함으로써, 일은 무모한 신분 게임이 된다. 그럼에도 불구하고, 우리는 일을 자신이 누구인지에 대한 일종의 기준점으로 삼지 않을 수 없다.

한편 소위 오늘날의 일중독의 세상에서, 우리는 어떻게 하면 좋은 가정을 이룰 수 있는가 그리고 어떻게 하면 자녀를 잘 키울 수 있는가에 대한 질문과 같은 문제들에게 마음을 빼앗긴다. 우리는 필요로 하고 좋아하는 것에 쓸 돈을 더 필요로 하면서, 경제적인 문제에 사로잡힌다. 우리는 정치에 영향을 받고, 시민으로서의 책임과 실망감에 영향을 받고, 정부 정책과 법적 시스템에 의해 영향을 받는다.

우리 삶의 대부분을 소진시키는 이 모든 영역은, 소명관의 개념에서 바라볼 때 비로소 조명이 되고 올바른 중요성과 방향성이 주어진다.

하나님의 가면들

하나님은 그의 창조물의 모든 국면에서 주권을 갖고 계신다. 하나님은 우주를 대폭발의 순간에 창조하신 다음 저절로 굴러가게 하시지 않았다. 그는 창조물을 "그의 능력의 말씀으로 만물을 붙드시며" 지키신다 (히브리서 1:3). 하나님은 자신이 만드신 모든 것, 즉 존재하는 모든 것을 통치하시고 밀접히 관여하신다. 이 주권은 물리학의 법칙과 은하수들의 움직임을 포함하며, 나라들의 국사(國事)와 참새 한 마리가 떨어지는 것 (마태복음

10:29)을 포함하며, 그의 견인은 신자들 못지않게 불신자들에게도 미친다.

루터란 신학은 두 *왕국*에 대해 이야기한다. 곧 하나님은 다른 방법이긴 하지만, 영적인 영역과 세상의 영역을 통치하신다는 것이다. 이 관념은 다음 장에서 논의 될 것이지만, 여기서는 하나님이 두 영역의 왕이 되신다는 것을 기억함이 중요하다. 그의 영적인 영역과 세속적인 영역에서, 하나님은 활동하시며 수단들을 통해 일하신다. 우리가 보았듯이, 그는 영적인 영역에서 말씀과 성례전을 통해 일하신다. 세속적인 영역에서, 그는 소명을 통해 일하신다.

"주기도"에서 우리는 하나님이 우리에게 날마다 양식을 내려주시기를 기도하며, 하나님은 또 그대로 해주신다. 하나님은 그렇게 하시되, 이스라엘 민족에게 만나를 내리셨던 것처럼 직접적으로 하시지 않고, 농부들, 트럭 운전사들, 제빵사들, 소매상인들, 그리고 더 많은 이들의 일을 통하여 하신다. 사실, 하나님은 우리에게 일용할 양식을 주시되, 모든 수반되는 경제 시스템의 기능들 — 고용주들과 고용인들, 은행들과 투자자들, 운송 인프라와 기술적 생산 수단들 (우리가 먹기 위해서는, 이들 각 부분은 서로 의존적이고 또 필요하다) — 을 통해 주신다. 이러한 경제적 식량 사슬의 각 부분은 하나님께서 자신의 선물들을 나누어주기 위해 사용하시는 소명이다.

하나님은 병든 자를 치료하신다. 하나님은 놀라운 기적을 통해 직접적으로 하실 수 있고, 또 어떤 때는 실제로 그렇게 하신다. 그러나 일반적으로는, 의사와 간호사와 다른 의료적 소명들을 통해 치료하신다. 하나님은 우리를 악으로부터 보호하신다. 그는 이것을 경찰관과 변호사와 판사의 소명을 수단으로 삼아 행하시며, 군대의 소명들을 통해서도 하신다. 하나님은 교사를 통해 가르치시며, 정부를 통해 사회의 질서를 잡으시며, 목사를 통해 복음을 선포하신다.

루터는 하나님이 각 개인과 각 세대를 따로 따로 흙에서 창조하심으로써 이 세상을 채우시려고 결정하셨을 수 있음을 지적한다. 그러나 그 대신 하나님은 가정을 만드셨다. 하나님은 한 가정을 이루는 남녀의 일을 통해 새 생명이 세상 안으로 들어와 돌봄을 받고 성인으로 양육되도록 정하셨다. 남편, 부인, 아버지, 어머니는 하나님이 자신의 창조물을 돌보시고 자신의 사랑을 펼치시는 수단이 되는 소명들이다.[23]

이 모든 것은 하나님이 영적 왕국 안에서와 동일하게 세속 왕국 안에서, 수단들을 통해 선물을 수여하신다는 것을 증명할 뿐이다. 하나님은 인간들이 사랑 안에서 그리고 상호의존적인 상태로 존재하는 관계들과 공동체 안에서 서로 묶여져 있도록 정하셨다. 이러한 맥락에서 하나님은 자신의 백성을 돌보시고 섭리에 따라 일하신다. 하나님의 백성은 자신이 하나님으로부터 부여받은 재능과 선물과 기회와 신분에 따라 각기 기여를 한다. 따라서 각 사람은 루터가 "하나님의 가면"이라고 부르는 것이 된다.

> 들판에서, 정원에서, 도시에서, 집에서, 전쟁터에서, 분투 중에서, 그리고 정부 내에서 행하는 우리의 모든 일은 하나님 앞에서 아이의 놀이 외에 무슨 가치가 있는가? 이것을 통하여 하나님은 들판

---

23) 시편 147 해설. Gustaf Wingren, Luther on Vocation (Evansville, IN: Ballast Press, 1994), p. 138에서 재인용.

과, 집과 그 외 모든 곳에서 자신의 선물들을 주시기를 기뻐하신다. 이것들은 우리 주 하나님의 가면으로서, 그는 그 뒤에서 감추어진 채로 모든 일을 하시기를 원하신다.[24]

의인이건 악인이건, 신자이건 불신자이건 간에 동일하게 자신의 관대함을 베풀어 주시는 하나님은 일상적인 사회적 기능과 삶의 지위 속에서, 그것도 가장 비천한 것 속에서, 자신을 숨기신다. 루터의 다른 예를 사용하자면, 하나님 자신은 하녀의 소명을 통해 소의 젖을 짜신다.[25]

이처럼 모든 소명은 하나님 사랑의 통로이다. 이 주제에 관한 고전이 된 저서를 쓴 스웨덴의 신학자 구스타프 빙그렌(Gustaf Wingren)은 이 점을 요약한다.

> 인간은 자신의 소명 안에서 다른 이들의 복지를 증진시키는 일을 한다. 하나님이 이를 위해 모든 직무를 만드셨기 때문이다. 인간의 직무 속에 있는 이 일을 통해 하나님의 창조적 활동은 앞으로 계속 나아가는데, 그 창조적 일이란 사랑이며, 많은 선한 선물이다. 인간들을 그의 "손들"과 "협력자들"로 삼고서, 하나님은 지상에서의 인간의 생명을 위해 자신의 선물을 세상의 소명을 통해 주신다. 농부와 어부와 사냥꾼의 손을 통해 양식을, 군주와 재판관과 공권력을 통해 외적 평화를, 그리고 교사와 부모 등을 통해 지식과 교육을 내리신다. 설교자의 소명을

---

24) 시편 147 해설. Wingren, p. 138에서 재인용.
25) Wingren, p. 9에서 재인용.

통해 하나님은 죄의 용서를 주신다. 이와 같이 사랑은 하나님으로부터 오되, 모든 소명을 통해, 영적인 정부와 땅의 정부들을 통해, 지상의 인간들에게로 흘러넘친다.[26]

이와 같이, 하나님은 은혜로 일하신다. 다른 사람의 일을 통하여 온 인류를 돌보신다. 우리가 부모님으로부터 받는 양육과 선생님들로부터 받는 교육, 그리고 배우자와 고용주와 정부로부터 받는 유익들 뒤에 하나님이 숨어 계시면서 자신의 복들을 내려주신다.

이상의 그림은 다양한 재능과 능력을 갖춘 인간들의 광범위하고 복잡한 연결조직의 그림이다. 우리 각자는 다른 사람을 섬긴다. 또한 각자 다른 사람의 섬김을 받는다. 우리 미국인들은 자기 충족성에 대한 이상을 갖고 있으며, 자신의 양식을 재배하고 자신의 집을 건축하고 다른 사람들로부터 독립적인 삶을 살고 싶은 꿈을 자주 꾼다. 그러나 다시 말하지만, 우리의 바람직한 인간 조건은 *의존성*이다. 사랑의 중심성 때문에 우리는 다른 사람들에게, 그리고 궁극적으로는 그들을 통해 하나님에게 의존하게 되어 있다. 그리고 반대로 (그리고 복지 증후군은 예외로 하고) 다른 사람들도 우리에게 의존하게 되어 있다. 우리는 다른 사람들의 선을 위해 일해야 한다. 하나님의 지상 왕국에서, 우리는 다른 사람의 소명을 통해 그의 복을 받는다. 그리고 그들은 그들대로 우리를 통해 복을 받는다.

루터란이 되기 전 그리고 소명에 관한 가르침을 공부하기

---

26) Wingren, pp. 27-28.

전, 나는 최소한의 능력도 갖고 있지 않으면서 집안 수리를 나 혼자서 하려고 하는 나쁜 습관이 있었다. 결과는 늘 낭패감과 시간 낭비와 어설픈 결과였다. 게다가 보통 들었을 비용보다 더 많은 수리비가 들었다. 전기 콘센트를 달려고 하다가 벽에 구멍만 내고 거의 죽을 지경이 된 경우도 있었다. 나는 지금 내 문제를 깨닫는다. 내게는 그런 종류의 일을 위한 소명이 없다는 것이다.

요즘 나는 연관공, 전기공, 목수, 그리고 기술공, 이발사, 요리사, 은행원, 예술가들의 소명을 기쁘게 이용한다. 스스로 할 수 있는 능력을 갖추고 있는 개인은 아무튼 그것들을 사용해야 한다. 그러한 다양한 능력을 갖고 있다는 것 자체는 하나님으로부터 온 선물이고 소명들의 집합이다. 그러나 내 요점은, 이 세상의 삶에서 우리가 모든 것을 다 할 필요는 없다는 것이다. 이 세상의 삶은 — 이것은 크리스천만큼 비(非)크리스천에게도 해당되는데 — 경제적, 사회적, 개인적 상호 의존의 연결 조직 안에서 서로 주고받고 또한 섬기고 섬김을 받는 것으로 이루어져 있다.

*하나님의 가면으로서 섬김의 사명*은 크리스천의 섬김의 범위와 본질을 정의하기 때문에 두려운 일이다. 루터는 말한다. "하나님은 우리에게 모든 선한 것을 내려주신다. 그러나 … 그대는 스스로를 하나님께 하나의 수단과 가면으로 빌려드려야 한다."[27]

소명을 갖기

"부르심"(calling) 혹은 라틴어에서 온 "소명"(vocation)이라는 단어는 오랫동안 성스러운 사역과 종교적 수도회에 관련하

---

27) 시편 147 해설. Wingren, p. 138에서 재인용.

여 사용되었다. 분명, 목회적 사역은 매우 중요한 소명으로서 뚜렷이 "하나님의 가면"의 기능을 한다. 그러나 처음으로 "소명"을 세속적인 직무와 직업에도 관련시킨 것은 루터란이었다. 오늘날, 이 개념은 너무 흔해빠져서, "직업 훈련"(vocational training)과 같은 말에서 볼 수 있듯이, 직업 혹은 일과 동일한 의미로 쓰인다. 그러나 이 개념 뒤에는, 모든 종류의 합법적인 일 혹은 사회적 기능이 하나님으로부터 오는 독특한 "소명"으로서 천부적으로 부여받은 능력과 기술과 재능을 요구한다는 관념이 놓여 있다.

그 무엇이 되었든 소명의 목적은 다른 이들을 섬기는데 있다. 이웃을 사랑하라는 그리스도 명령의 준행과 관계가 있다. 비록 칭의가 선행과는 아무런 관련이 없지만, 소명은 선행을 분명히 포함한다. 하나님께 대한 크리스천의 관계는 하나님 편에서의 순전한 은혜와 죄 용서에 기초한다. 그러나 타인에 대한 크리스천의 관계는 행동으로 옮겨진 사랑에 기초한다. 빙그렌이 말하듯이, "하나님은 우리의 선행이 필요하지 않으시나, 우리의 이웃은 그것을 필요로 한다."[28]

믿음으로 의롭게 된 사람은 그리스도의 죄 용서를 깨닫고 그리하여 성령에 의해 변화를 받아 사랑에 의해 움직이는 사람이지, 규율과 규정과 율법의 위협에 의해 움직이는 사람이 아니다. 그리고 뒤따르는 선행은, 종종 경건하게 말하듯, "하나님을 위한 것"이 아니고 다른 사람들을 위한 것이다. 엄격히 말해, 우리는 "하나님을 섬기지" 않는다. 오히려 우리를 늘 섬기시는 분은 하나님이시다. 우리는 우리의 이웃을 섬긴다.

---

28) Wingren, p. 10.

루터는 하나님만을 염두에 둔 채 실제 인간들의 유익을 위해서는 하지 않는 일들은 그 도덕적 가치를 잃는다고 까지 말한다.

> 만일 그대가 오직 이웃만을 위해서가 아니라 하나님이나 성자나 그대 스스로를 위해 성취하고 있는 일을 그대 안에서 발견한다면, 그대는 그 일이 선행이 아니라는 것을 알아야 한다. 왜냐하면 각자는 타인을 위해, 심지어 원수를 위해, 사랑과 봉사 안에서 살고, 말하고, 행동하고, 듣고, 고난당하고, 죽어야 하기 때문이다. 곧 남편은 아내와 자녀를 위해, 부인은 남편을 위해, 자녀는 부모를 위해, 종은 주인을 위해, 주인은 종을 위해, 통치자는 백성을 위해, 백성은 통치자들을 위해 삶으로써, 손과 입과 눈과 발과 심장과 소원이 이웃을 위한 것이어야 한다. 이것들이 크리스천의 사역이며 본질상 선한 것이다.[29]

루터에게 있어서, 고행적인 자기 부정과 하나님의 진노를 달래는 의식과 사적이고 도덕주의적인 태도는 결코 선행이 아니다. 사람은 실제적으로 다른 사람을 도울 수 있어야 한다.

루터교는 흔히 율법폐기론을 따르며 도덕법을 너무 부정적으로 제거해버렸다는 비난을 받지만, 이것은 대단히 잘못된 오해이다. 하나님께 대한 우리의 관계는 우리의 선행에 의해 결정되지 않는다. 죄성을 가진 인간이 하나님 앞에서 무엇이든 인정받

---

[29] 대림절 설교, 1522. Wingren, p. 120에서 재인용.

을 수 있을 정도로 충분히 행할 수는 없기 때문이다. 우리에게 필요한 것은 오히려, 우리의 죄에 대한 용서이며 예수 그리스도의 완전하고 선한 사역이다. 그러나 이웃에 대한 우리의 관계는 우리의 선행에 의해 결정되는데, 이 선행은 우리를 통해 일하시는 하나님에 의해서만 가능해진다. 실제에 있어서 루터교는 윤리의 문제를, 이론적이며 지나치게 신학적인 영역으로부터 실제 삶의 영역 속으로 끌어 내린다.

분명, 인간들은 여전히 소명가운데서 죄를 짓는다.[30] 우리는 하나님의 법을 위반하고, 우리의 일과 직무에서 사심 없이 다른 사람을 사랑하고 섬겨야하는 우리의 책임을 게을리 한다. 비록 우리는 우리를 통해 일하시려는 하나님의 계획을 거스르지만, 이러한 우리의 모습에도 불구하고 소명 그 자체에는 다른 사람에게 좋은 일이 일어나도록 하는 그 무엇인가가 있다. 사실 빙그렌이 보여주듯, 우리의 일반적인 이기적 동기와 하나님이 소명 속에서 역사 하시는 방법 사이에는 커다란 대립과 모순이 있다.

> 우리는 여기서 루터에게 있어 자신을 내어 주시는 사랑과 자기만 아는 인간의 이기심 사이의 결정적인 대조를 발견한다. 인간은 자기만을 생각하여 무엇이 일어나든 자신의 유익을 위한 것이기를 바란다. 남편과 아내가 결혼생활에서 서로를 섬기고 자녀를 섬길 때, 이것은 매일 매일 그리고 매 순간 자발적인 마음과 방해받지 않은 사랑의 표현에 기인하지 않는다. 오히려 제도로서의 결혼생활에는

---

30) 그리고 강도, 마약 판매인, 혹은 포르노그래피 작가와 같은 종류의 돈벌이가 있다. 이것들은 본질적으로 죄가 되고 이웃 사랑과는 양립할 수 없는 것이며 남을 섬기기보다는 다치게 하고 타락시키는 것이므로, 소명이 결코 될 수 없다.

남편의 이기적인 욕구들을 양보하게 하고, 마찬가지로 부인의 자기본위적 마음을 억제하는 무엇인가가 있다. 결혼생활 안에는 배우자와 자녀들에게 자신을 주도록 강제하는 힘이 있다. 따라서 윤리적 행동을 가능케 하는 것은 '신분' 자체이다. 세상의 법을 통해 활동하시는 분은 하나님이시기 때문이다. [31]

결혼의 소명 자체는 이기적인 인간들이 자기 혼자 있을 때보다 더 서로를 돌보고 돕도록 만든다. 부모의 소명은 보통 이기적인 부모로 하여금 자녀의 행복을 위해 자신의 욕구를 희생하도록 한다. 그리고 이것은 대개 율법적인 의무감에서 되는 것이 아니라, 부모가 원해서 하는 일이며 자녀를 위해 자발적으로 하는 일이다.

마찬가지로, 어떤 회사의 소유주는 자신의 이웃을 사랑하거나 다른 이들을 섬기는 일에 전혀 관심이 없을 수 있다. 그의 유일한 동기는 탐욕일 수 있다. 그러나 자신의 소명 때문에, 그는 일감을 고용인들에게 주어서 저들이 식구를 부양할 수 있게 하고, 그의 회사는 다른 사람들이 필요로 하거나 즐길 수 있는 물건을 제공할 수 있게 한다. 이렇게 하여 그는 무심결에 이웃의 축복이 된다. 우리의 죄된 경향이라고 해서 하나님이 소명가운데에서 일하시는 방법을 방해할 수는 없는 것이다.

우리는 어떻게 자신의 소명을 알 수 있는가? 엄밀히 말해서, 그리고 우리가 젊은이들에게 크면 무엇을 할 것인지 "결정하라"고 압력을 가하는 것과는 반대로, 소명은 우리가 스스로를 위해

---

31) Wingren, p. 6.

선택하는 것이 아니다. 오히려, 우리를 특정한 일 혹은 신분으로 "부르시는" 하나님에 의해 주어진다. 하나님은 각 개인에게 독특한 재능과 기술과 관심거리를 주신다. 하나님은 또한 각 사람을 일련의 독특한 외적 상황 속에 집어넣으시는데, 이 상황은 하나님이 그의 섭리를 따라 미리 정하신 것이다. 소명은 스스로 택한 것이 아니므로 다른 이들의 행위를 통해서도 알 수 있다. 일의 제안을 받거나, 어떤 직책에 선정 되거나, 당신과 결혼하고 싶어 하는 사람을 만나는 것은 모두 소명에 대한 실마리가 된다.

본질적으로, 당신의 소명은 현재 당신이 차지하고 있는 그 자리에서 발견해야 한다. 더 출세할 가망이 없는 지위에 갇혀 있는 사람은 더 높은 야망을 가질 수 있으나, 현재로서는 그 일이 아무리 보잘것없더라도 그의 소명이다. 가게에서 햄버거를 만들고 호텔 객실을 청소하고 환자용 변기를 비우는 것은 모두 소명으로서의 존엄성이 있으며, 이것들은 하나님의 가면인 사심 없는 섬김을 통해 이웃 사랑을 실천하는 영역들이다. 나중에 다른 소명이 나타날 수 있을 것이다. 그러나 소명은 미래의 경력 사항들에서만 찾을 것이 아니라 지금 여기서 찾아야 한다. 이혼을 하기 위해 "결혼에 대한 소명이 없다"거나 자녀 양육의 책임을 내던지기 위해 "부모의 소명이 없다"고 핑계를 대어서는 안 된다. 당신이 결혼을 했다면 그것은 당신의 소명이다. 당신에게 자녀가 있다면 자녀는 당신의 소명이다.

소명은 또한 다양하다.[32] 어느 개인이라도 수많은 소명을 갖고 있다. 전형적인 남자는 동시에 남편 (아내를 섬기는), 아버지 (자녀를 섬기는), 아들 (생존하시는 부모님을 섬기는), 고용주 (고

---

32) Wingren, p. 5를 보시오.

용인들을 섬기는), 고용인 (상사들을 섬기는), 시민 (나라를 섬기는) 이다. 어떤 특정한 일을 맡은 사람이 어떻게 해서 (부하에 대한 감독권을 갖고 있는) "상관"이 될 수도 있고 동시에 (그 상관들이 최고 경영자이건 주주이건 유권자이건 저들에게 책임을 지는) "부하"가 될 수도 있는지를 주목하라. 각기 다른 소명들이 요구됨에 따라 지도력과 순종이 둘 다 요구될 수 있다. 소명의 교리는 우리에게 맡겨진 각각의 역할을 구별하는데 도움을 주고, 그 역할에 존엄성과 의미를 준다.

소명 안에서 행하기와 소명 밖에서 행하기

다양한 소명은 제각기 권위와 행동영역을 갖는다. 그리고 이들은 각기 다른 규칙 하에서 작용한다. 만일 어떤 사람이 전혀 모르는 사람들의 옷을 벗기고 칼로 몸을 벤다면, 그것은 가장 막돼먹은 부도덕한 일일 것이다. 그러나 의사의 소명을 수행하는 사람에게는 허용될 수 있는 일이다.[33] 혼외 성교를 하는 것은 부도덕한 일이지만, 결혼의 소명 안에서는 매우 선한 일이다.

누군가 우리를 다치게 할 때 우리는 개인적으로 보복하고 싶은 충동을 느끼지만, 성서는 이것을 엄격히 금하고 있다. 범죄 행위에 대한 처벌은 — 뺑소니차 추격전을 벌이든지, 발포를 하든지, 사람을 감옥에 집어넣든지, 혹은 형집행을 내리든지 — 우리의 소명이 아니라, 경찰관과 재판관과 그 외 법과 관련된 사람들의 소명이다. 사도 바울은 말한다. "내 사랑하는 자들아 너희가

---

33) 한편, 자신의 소명 밖에서 그러한 일들을 행하는 의사는 강간이나 살인죄에 해당된다.

친히 원수를 갚지 말고 진노하심에 맡기라. 기록되었으되 원수 갚는 것이 내게 있으니 내가 갚으리라고 주께서 말씀하시니라" (로마서 12:19). 그 다음 구절은 오히려 우리에게 잘못하는 이들을 용서해야 한다고 강조한다. 우리의 원수들이 주릴 때 먹을 것을 주고 악을 선으로 극복하라고 말씀한다 (로마서 12:20-21). 그러나 바로 그 뒤를 이어 세상 권세자들의 역할과 그들에 대한 복종의 필요성이 나온다. "각 사람은 위에 있는 권세들에게 굴복하라. 권세는 하나님께로 나지 않음이 없나니 모든 권세는 다 하나님의 정하신 바라" (로마서 13:1). 세상 통치자는 "하나님의 사자가 되어 네게 선을 이루는 자니라. 그러나 네가 악을 행하거든 두려워하라. 그가 공연히 칼을 가지지 아니하였으니 곧 하나님의 사자가 되어 악을 행하는 자에게 진노하심을 위하여 보응하는 자니라" (로마서 13:4). 말하자면, 우리 스스로 원수를 갚아서는 안 된다는 말이다. 그것은 하나님의 일이다. 그러나 하나님은 세상의 소명자들, 곧 그의 "대리인들"을 통해 일하시는데, 그들의 소명은 칼 드는 것을 포함한다.[34]

    루터 당시의 주요한 논쟁은 크리스천이 재판관이나 형 집행인이나 군인이 될 수 있는가 하는 문제였다. 어쨌든 성경은 "살인하지 말라"고 말하고 있다. 재판관은 사형선고를 내려야만 할 수도 있고, 형집행인은 그것을 집행해야만 한다. 그리고 전쟁 중에 있는 군인은 원수를 봐주지 말고 죽이라는 명령을 받는다. 루터는 크리스천이 다른 이의 생명을 취하지 않는 것이 참으로 옳다고 하였다. 그러나 하나님은 인간의 생명을 취할 수 있는 권한이 있으시다. 하나님은 재판관과 형 집행인과 군인의 특별하

---

34) Wingren, p. 7을 보시오.

고도 합법적인 소명들을 통해 그렇게 하신다. 루터는 "군인들도 구원받을 수 있는가"(1526년)라는 논문에서 군인이 되는 것은 사실 이웃을 섬기고 사랑하는 한 방법이라고 결론을 내린다. 크리스천으로서의 개인적 관계에서는 군인들이 원수를 용서해주어야 하지만, 그들의 나라를 보호하는데 있어서는 그들의 소명이 전장에서 싸우고 죽이는 것까지 허용한다. 군인이라는 것은 사실 "복된 계급"이며, 사랑의 사역 안에 있는 것이다.

> 따라서 군인은 전투하는 소명을 하나님으로부터 받기 때문에, 군인은 그 소명으로써 섬길 수 있다. 그는 자신의 재능과 기술을 가지고 누구든지 그의 섬김을 원하는 사람을 섬길 수 있다. 그리고 그는 수고에 대한 급료를 받을 수 있다. 왜냐하면 그의 소명도 사랑의 법으로부터 나오는 것이기 때문이다.[35]

이와 유사하게, 가장의 소명은 그의 가족을 보호하는 것을 포함하므로, 자신의 소명을 다하기 위해 그는 무력을 사용할 수 있다고 나는 주장한다. 그러나 의사의 소명은 고치는 것이지 죽이는 것이 아니다 (곧 안락사를 불가능하게 한다). 어머니의 소명은 자녀를 양육하는 것이다 (곧 낙태를 불가능하게 한다).

어떤 이들은, 통치의 권위를 높이 보고 심지어 군대를 높이 보는 것은 전제정치의 문을 여는 것이라고 생각할지 모른다. 다음 장에서 보여 줄 것이지만, 이것은 전혀 그렇지 않다. 하나님은 두 왕국의 왕이시고, 그의 말씀은 모든 것을 통치한다. 자신의 소

---

35) Wingren, pp. 3-4에서 재인용. Wingren, pp. 7-8, 24-26에 나오는 논의도 참조하시오.

명 안에서 죄를 짓는 사람, 그 소명에 대한 하나님의 의도를 망가뜨리는 사람, 그리고 사심 없는 봉사와 이웃사랑의 시험에 실패하는 사람은 하나님의 징계와 진노를 받아 마땅하다. 현재로서의 요점은, 소명 안에서 행하는 인간들을 통해 하나님이 참으로 권위를 실행하신다는 것이다. 합법적인 정부에는 신적인 권위가 있다. 어버이가 되는 데에도 신적인 권위가 있다.[36]

소명에는 각기 신적으로 지정된 영역이 있는데 대한 필연적인 귀결은, 사람들이 자신의 소명 밖에서 행동하려고 할 때 문제가 일어날 수밖에 없다는 것이다. 내가 전기제품을 고치려고 노력하는 광경을 다시 한번 생각해 보시라. 우리가 소명 밖에서 일할 때 — 말하자면 하나님으로부터 받은 능력이나 취향이나 삶의 신분을 염두에 두지 않을 때 — 우리는 늘 처절하게 실패하거나 혹은 더 심각한 경우에는 도덕법을 어기게 된다.

우리에게 소질도 없고 소명도 없는 직업을 추구하는 것이 가능하고 또 흔히 있는 일이기도 하다. 하나님이 주신 선물과는 무관하게 어느 직업이 돈을 가장 많이 벌 수 있느냐에 따라 대학의 전공을 선택하는 학생을 나는 많이 보아왔다. 그들은 나중에 회계사나 경영자나 엔지니어가 되지만, 자신의 일을 싫어하고 자신이 노력하는 일에 성공적이지 못하다. 그들의 진정한 소명은 음악이나 예술일수 있다. 그러나 그들은 소명이 스스로 선택하는 것인 양 "실용적"이 되려고 노력하고, 자신들이 전혀 갖고 있지 않은 재능을 추구하는 대신 하나님으로부터 받은 자신의 참된 재능은 부정한다. 좋은 교사가 되게 해주는 재능을 갖고 있

---

[36] 사실, 루터는 『소교리 문답서』에서 부모의 우선되는 권위로부터 모든 지상의 권위들을 이끌어 낸다. "네 부모를 공경하라"는 계명에 대한 그의 해설을 보시오.

지 않으면서 교사 직분을 맡은 분들이 있다. 지도자가 되기에 걸맞지 않은 정치가들이 있다. 만일 그들이 이러한 상황 가운데 있다면 자신이 최선을 다할 수 있는 어떤 다른 소명과 책임이 있다는 것을 고려해야 한다. 그들은 자기 자신의 독특한 재능 위에 쌓아올리는 것이 더 낳을 것이다.

하나의 소명을 갖고 있는 사람이 다른 소명의 특권을 침해할 때, 더 심각한 혼란이 생기게 된다. 다시 말하지만, 공적인 지위에 있지 않은 시민들은 "자신이 스스로 법을 집행해서는 안 된다." 또한 국가의 지도자들은 부모의 소명인 어린아이의 양육을 떠맡을 권리가 없다. 지상의 통치자들이 목사에게 무엇을 설교해야 할지 지시할 수 있다고 여기는 것에 대해 루터는 특별히 단호하게 응수했다. 루터는 다음과 같이 제후에게 말하면서, 그가 세속 통치자에게 굽실거린다는 비난을 잠재웠다. "어리석은 사람이여, 얼간이 같은 이여, 당신 자신의 소명을 주목하시라. 설교하려고 하지 마시라. 대신 당신의 목사가 설교하게 하시라."[37]

목사의 소명

목사의 소명은 물론 하나님의 지상 왕국 안에서만 아니라 영적 왕국 안에서도 특별한 소명이다. 목사의 소명은 농부의 소명이나 공장 노동자의 소명이나 다른 어떤 세속적인 소명보다 분명 하나님 앞에서 더 공적(功績)이 있는 것이 아니다. 루터란 복음주의자들은 "만인 제사장직"의 사상, 곧 모든 크리스쳔은 그리스도를 통하여 하나님께 개인적으로 나갈 수 있다는 생각을 처음

---

37) 요한복음 1-2장의 해설. Wingren, p. 114에서 재인용.

으로 제기한 이들이기도 하다. 그러면서도 루터란주의는 항상 목사직에 대해 높은 견해를 견지해왔다.

전통적인 루터란 의식에 따르면, '죄 고백과 사면'의 순서에서, 회중이 "우리는 본성적으로 죄성이 있고 부정(不淨)합니다"고 고백하고 나서 목사가 이 말을 한다. "여러분의 이 고백에 근거하여, 나는 말씀의 종으로 부름 받고 안수 받은 나의 직분에 따라, 여러분 모두에게 하나님의 은혜를 선포하며 나의 주님 예수 그리스도 대신에 그리고 그의 명하심에 따라 여러분의 모든 죄를 성부와 성자와 성령의 이름으로 사하노라."[38]

루터란이 아닌 이들은 목사가 죄를 사한다는 말에 종종 쇼크를 받는다. 그러나 그가 그렇게 할 수 있는 능력은 단순히 복음의 선포이며, "하나님의 은혜를 선포할 수 있는" 능력이다. 교회의 회중은 그들이 회개를 하는 한 ("그대의 이 고백에 근거하여"), 그리고 목사가 아니라 하나님의 말씀, 곧 목사가 선포하는 그리스도의 복음을 믿는 만큼 죄용서를 확신할 수 있다. 그럼에도 불구하고, 목사는 용서의 메시지에 대한 구체적이고 또한 성례전적이라고 부를 수 있는 한 매개체가 된다. 루터는『소교리문답서』에서, 우리가 목사의 죄용서를 마치 그리스도 자신에게서 오는 것처럼 믿어야 한다고 말한다. 목사는 "나의 주님 예수 그리스도 대신에 그리고 그의 명하심에 따라" 행동하고 있다. 말하자면, 그는 하나님의 가면이다.

말씀과 성례전에 관한 목사의 사역의 의미와 교회 안에서 무엇이 일어나는 가에 대해서는 다음 두 장에서 더 알아볼 것이다. 지금으로서는, 다른 소명들은 하나님의 지상 왕국과 관계가

---

38) The Lutheran Hymnal (St. Louis: Concordia Publishing House, 1941), p. 16.

있다는 것과 목사의 직무는 하나님의 영적 왕국과 관계가 있다는 것을 언급하는 것으로 충분하다. 루터는 전자가 칼을 휘두르지만, 목사는 말씀만을 행사해야 한다고 말하였다.[39] 목사는 결코 무력을 사용하거나 어느 누구에게도 믿도록 강요하거나 조종해서는 안 된다. 그는 말씀의 능력을 의지해야 한다. 그는 조금도 타협하지 않고 말씀을, 비록 이 말씀이 세상의 정치와 권력 체계를 정죄할 때라도, 선포해야 한다. 그러나 그는 단지 정치적으로만 되어서도 안 된다. 그렇게 할 경우 지상 통치자들의 소명을 침해할 수 있기 때문이다. 목사의 소명은 죄인들을 사라져버리지 않는 천국 안으로 부르는 것이다.

목사의 손을 통해 세례를 베푸시는 분은 하나님이시다. 목사가 떡과 포도주를 나누어줄 때, 성찬을 집전 하시는 분은 그리스도시다. 목사의 설교 속에서 울려 퍼지는 것은 하나님의 말씀이다. 루터란 목사는 예복과 의복과 로만 칼라를 입는데, 그것은 이 사람이 그의 교인들과 다를 것이 없지만, 그리스도 대신에 그리고 그 분의 명령에 따라 수행해야 하는 직무를 담당하고 있다는 것을 상징하기 위해서이다.

평신도들도 믿음의 공동체의 선을 위해 자신의 능력과 달란트와 소명을 사용하여 교회 안에서 봉사 한다. 재산을 관리하고, 행사를 계획하며, 위원회에서 봉사하는 것 등은 어느 기구에나 필요한 일이다. 평신도들도 그리스도의 죄용서의 복된 소식을 선포할 수 있는데, 물론 주로 자신의 소명 안에서 할 수 있다. 부모는 자신의 자녀를 교회에 나오게 할 수 있다. 직장에서는 동료들과의 대인관계가 형성되는데, 동료들에게 우정과 공동의 업무 속

---

39) Wingren, pp. 114-15를 보시오.

에서 은혜의 복음을 소개할 수 있다. 하나님의 말씀은 소명을 통해 세상 속으로 전개된다. 그러나 평신도와 목사는 하나님을 위한 일을 하기 위해 꼭 "교회 일"을 해야 할 필요는 없다. 교회에서 회의를 하고 "주님의 일을 하면서" 매일 저녁을 보내기는 쉽다. 그러나 소명의 교리는, 당신이 배우자와 아이와 함께 시간을 보내고 당신 업무의 요구사항들을 충족시키는 것도 하나님을 위해 일하는 방법, 아니 하나님께서 당신을 통해 일하시는 방법이라는 것을 가르쳐준다.

목사의 소명은 "목회자", 즉 하나님 말씀의 종이 되는 것이다. 그는 하나님의 말씀과 성례전을 갖고서 우리 평신도들을 먹이고 하나님의 율법과 예수 그리스도를 통한 사죄의 복음을 선포함으로써 우리를 섬긴다. 우리는 평신도로서 목사들에게 상당히 의존적이다. 그리스도께서 이들을 통해 우리에게 전달되기 때문이다. 물론 "목사"라고 하는 말은 "목양자", 즉 하나님의 양들을 보호할 책임을 맡은 사람이라는 말이다. 다른 모든 소명에서처럼 목사의 소명 안에서 하나님은 숨어 계신다.

소명 안에서 십자가를 지는 것

일상적인 삶에 대해 소명의 교리가 부여하는 그 모든 고상한 영적 의미 — 하나님이 어떻게 우리의 일과 우리의 관계 속에서 임재 하시는지 — 에도 불구하고, 우리가 소명가운데서 종종 실패하고 고통당하고 좌절을 경험하는 것은 분명하다. 부모는 자녀에게 바른 일을 다 했지만, 그 중 한 아이가 부모에게 반역하는 고통을 겪어야 할지도 모른다. 사업을 경영하는 이의 회사가 부도가 나서 고용인을 모두 퇴출시킬 때도 있다. 회중이 자신의 목사에게 적대적으로 변할 수 있다. 결혼생활에서 문제가 발생한다. 종종 혹은 간혹 소명은 짊어져야 할 짐으로, 십자가로 변한다. 이렇듯 십자가의 신학을 특히 소명에 적용할 수 있다.

빙그렌은 하나님이 소명 안에서 일하시므로, 마귀가 소명을 방해하려 한다고 말한다. 마귀가 하는 한 가지 방법은, 소명을 희생적 섬김과 이웃 사랑으로부터 "영광의 신학"으로 바꾸는 것, 즉 자기 과장과 선행에 대한 자랑과 영적으로 공허한 성공의 달성으로 바꾸는 방법이다. 빙그렌은 말한다. "섬기는 대신 높임을 받으려 하는 것, 섬김을 위해서가 아니라 자기의 능력과시를 위한 기회로 자신의 직분을 삼으려 하는 것은 소명에 대한 반역이다."[40]

마귀의 또 다른 책략은 사람을 꼬여서 소명으로부터 떠나게 하는 것이다. 빙그렌은 말한다. "소명에 있어서의 유혹은, 사람을 그의 소명으로부터 끄집어내려는 마귀의 시도이다."[41] 이와 같이 소명을 그만두고 싶은 유혹이 있을 수 있다. 곧 이혼을 한다거나 자신의 아이들을 두고 떠난다거나, 직장을 그만둔다거나, 글쓰기를 혹은 작곡하기를 그만둔다거나, 무엇이 되었든 자신이 가지고 있는 달란트를 포기하고 싶은 유혹이다.

소명 속에 있는 십자가를 지는 일은, 자신의 소명이 가치가 없거나 노력에 대한 수고가 없다는 느낌을 흔히 포함한다. "어떤 소명이 되었든 십자가를 질 때, 그 소명은 초라해 보인다"고 빙그렌은 말한다.[42] 역설적이지만, 이러한 느낌은 심지어 가장 강력한 능력과 명성을 가진 것처럼 보이는 소명들에서도 경험된다는 것

---

40) Wingren, p. 128.
41) Wingren, p. 121.
42) Wingren, p. 130.

이다. 대통령들과 억만장자들은 종종 그들의 책임의 중대함과 그것들을 수행할 수 없는 자신의 무능력을 인식하고서 고통을 당한다. 빙그렌은 말한다. "밖에서 볼 때, 어떤 직무들은 빛나는 영광으로 둘러싸인 것처럼 보인다. 그러나 안에서 볼 때, 이 직무들 역시 희생적이고 아래로 향하는 섬김의 자세를 요구하는데, 이것은 옛 사람에게 주어지는 십자가이다."[43]

그렇다면 어떤 종류의 소명이 되었든지 그 소명을 특징짓는 일반적인 어려움이 있다. 그러나 우리의 연약함과 그리스도께 대한 의존성을 깨닫는 바로 그 지점에서 이 좌절과 고통은 그리스도의 십자가 안으로 흡수될 수 있다. 소명에서 느끼는 초라함의 느낌을 우리는 소명에 대한 자부심으로 물리칠 수도 있고, 또는 이를 통해 겸손을 배울 수도 있다. 우리 자신의 일에서 성공하지 못하는 무능력은 가면 뒤에 계신 하나님께 대한 더 깊은 믿음 속으로 우리를 이끌 수 있다.

소명에서 겪는 시련은 우리를 기도하게 만든다. "힘겹게 수고하는 사람은 모든 인간적인 길이 막히는 때가 있다는 것을 안다"고 빙그렌은 말한다. "특별한 의미에서, 이 때가 바로 기도할 때이다."[44] 우리가 자신의 재간과 노력을 통해서 문제를 다루려고 할 때, 하나님께 호소할 필요는 적다. 그러나 우리가 어찌할 바를 모를 때, 아무 것도 효과가 없을 때, 우리가 절망의 상태에 있을 때, 그 때 우리는 하나님께로 향하게 된다. 또한 가장 강렬하고 열정적이고 간절히 구하는 기도는 우리가 버둥거릴 때 하게 된다. 루터는 말한다. "어려움이 생겨 우리를 억누르지 않는다면 어떤 종류의 기도가 될 것인가? 이러한 상태에서만 기도는

---

43) Wingren, pp. 130-31.
44) Wingren, p. 185.

더 강해질 수 있다."⁴⁵⁾ "이와 같이 강력하고 변화를 일으키는 기도는 극심한 궁핍과 절망 가운데 있는 사람이 아니고서는 드릴 수 없다"고 빙그렌은 주(註)를 단다.⁴⁶⁾

그리고 이와 같은 기도는 응답을 받는다. "우리가 소명을 수행할 때, 절망감이 생겨 우리를 기도하도록 북돋운다. 그러나 기도에 대한 하나님의 응답 또한 우리가 소명을 수행할 때 오며, 기도에 응답하시는 하나님의 개입은 우리의 소명 사역의 변형과 … 밀접하게 연관되어 있다."⁴⁷⁾ 우리의 관점에서, 기도는 하나님을 우리의 소명 안으로 모셔온다. 우리가 행하는 일을 우리는 하나님께 맡겨 드린다. 그의 의지에 내어 맡기고 그의 섭리를 신뢰한다. 빙그렌의 다른 놀라운 구절을 인용하자면, "기도는 창조주이시며 주님이신 하나님이 집안으로, 공동체 속으로, 그리고 일 속으로 창조적으로 들어오시는 문이다."⁴⁸⁾

기도는 또한 믿음을 우리의 소명에게로 가져온다. 기도할 때 실감하게 되는 우리의 의존성은 믿음 있음의 한 예이다. 믿음 없이 소명은 단순히 직업이 되고, 그저 해야 하는 일이 되고, 하나님도 없고, 의미도 없는 것이 된다. 믿음은 소명을 하나님의 가면으로 본다. 믿음 없이, 고난은 공허하고 목적이 없으며 이생의 어리석음과 무의미에 대한 한 가지 예에 불과하다. 믿음이 있을 때, 소명가운데서 겪는 고난은 십자가가 되며 예수 그리스도의 구원하시는 십자가 속에서 이해된다.

빙그렌은 다음과 같이 결론을 내린다.

---

45) 산상수훈 강해. Wingren, pp. 189에서 재인용.
46) Wingren, p. 189.
47) Wingren, p. 192.
48) Wingren, p. 194.

소명은 지상적인 것이다. 마치 모든 신성이 결핍되어 있는 것처럼 보이는 그리스도의 인성이, 충격적일 만큼 지상적이듯이. 그리스도의 십자가 안에서 신성은 숨겨져 있었을 뿐이지 떠나있었던 것은 아니다. 그리스도의 십자가형에서 그의 신성은 강도들과 군인들의 눈에는, 사랑의 비천한 형태로 나타났다.

마찬가지로, 하나님은 십자가의 낙인이 찍힌 소명 안에서 자신의 사랑의 사역을 인간에게 숨기신다. 이 소명은 이웃에게 진정한 유익이 된다. 지극히 보잘것없이 보이는 십자가상에서의 그리스도의 승리, 곧 비천함 속의 사랑의 승리 안에서 하나님은 숨어 계신다. 따라서 부활은 제3일에 일어난다. 이제 그리스도의 승리는, 시련을 견뎌내고 자기 소명의 분투 속에서 옛 본성을 십자가에 못 박는 사람들에게만 복음을 통하여 제공된다. 복음을 믿음으로 인하여, 나는 교회에서 태어나 새 사람으로 일어나며, 육신적인 죽음 저 너머에 있는 하늘과 영생을 소망 중에 소유한다. 고되고 거친 지상의 삶으로부터, 도래하고 있는 천국의 생명과 자유의 전망이 훤히 트인다. 그리고 오직 한 길만이 우리를 그곳으로 이끈다 ― 그것은 이곳에서 십자가에 복종하는 길이다.[49]

---

49) Wingren, pp. 57-58.

제 5 장

두 왕국 안에서 살기: 거룩함과 속됨

소명관은 매일 매일의 일상생활에 영적인 의미를 주고, 이 세상 안의 소위 '세속적 영역'을 성화 시킨다. 가족, 일, 정부, 그리고 사회 내 삶의 다른 차원들은 사랑과 봉사의 영역과 하나님 활동의 무대로 등장한다. 그러나 한편 칭의의 교리는 내세를 지향하며 죄악 된 세상에 붙잡혀있는 흠 있는 인간들을 구원하여 하늘의 영생에 대한 소망을 준다. 루터란 영성은 두 가지 진리를 모두 확정한다. 다른 커다란 모순들처럼 — 죄와 은혜, 율법과 복음, 참신이시며 참인간이신 그리스도, 단순한 빵과 포도주로서의 성찬과 그리스도의 살과 피로서의 성찬 — 루터란주의는 크리스천이 동시에 두 개의 다른 왕국의 시민이라는 것을 주장한다.

하나님이 영적인 통치와 지상적인 통치를 둘 다 갖고 계시고, 서로 다르면서도 연결된 방법으로 통치하신다는 생각은, 크리스천이 세속주의에 의해 쓸려가지 않고서 자유롭게 영적인 영역에 전념할 수 있도록 해준다. 두 왕국에 관한 교리는 크리스천 활동에 청사진을 제공하는 한편, 정치적 혹은 신학적 유토피아주의의 환상에 대한 예방이 된다. 이 교리는 세상 안에서의 크리스천의 삶을 변모시키는 한편, 세속주의에 대한 예방이 된다. 크리스천은 소명을 통해 세상에 살면서도 동시에 믿음을 통해서 천국에 산다.

기독교와 문화

영적이지 않은 세상의 한가운데에서 어떻게 영적인 삶을 살 것인가의 문제는 크리스천 삶에 있어서 가장 난처한 딜레마 중 하나이다. 크리스천이 텔레비전을 볼 것인가, 영화관을 갈 것인가, 그리고 다른 "세속적"인 즐거움에 빠질 것인가? 크리스천은 다른 이들과 어떻게 달라야 할 것인가? 크리스천은 죄악된 사회로부터 탈퇴하거나 아니면 사회를 개혁하도록 해야 할 것인가? 신학에 있어서, 믿음과 문화의 적절한 관계에 대한 쟁점들이 교파들을 나누고 교인들을 혼란스럽게 만든다. 교회는 정치에 관여할 것인가? 기독교적 윤리를 비기독교도들에게 부과할 수 있는 권리가 우리에게 있는가? 문화적 변화에 순응하기 위해 교회가 그 신념과 실천을 바꿔야 하는가? 교회와 국가, 성(聖)과 속(俗)간의 이 끊임없는 대립에 접근하는 방법들이 각기 다르다.

이 문제를 해결하는 한 가지 방법은, 종교와 문화를 동일시하는 것이다. 이 세상 종교의 대부분은 바로 문화적 종교들이다. 그 종교들의 영적인 신념들은 사회적 관습을 비준하는데 사용된다. 부족적인 자연 종교들에서는 특정한 사회적 관습들이 그들의 신(神)들과 결합되어 있고, 신화에 의해 설명되고 정당화된다. 많은 이교 신앙에서 통치자는 신(神)이거나 신(神)에게서 내려온 이이며, 이음매 없는 하나의 망처럼 자연과 문화와 종교가 하나의 전체로 엮어져 있다. 카스트제도와 의식들을 갖추고 있는 힌두교는 인도의 문화로부터 분리될 수 없다. 이슬람을 받아들인다는 것은 의상, 음식, 율법 그리고 아랍 언어를 포함한 하나의 문화를 받아들이는 것이다. 내가 이해하기로는, 유대교에서는 무신론자이면서 유대인이 되는 것이 가능하다. 많은 이들에게 있어서, 그들의 종교는 단순히 그 문화적 정통성의 일부를 의미할 뿐이다.

종교의 사회적 기능은 너무나도 강력해서 기독교 역시 간혹 문화적 종교로 축소된다. 정교회 세르비아인들과 가톨릭 크로아티아인들은 종교로 인해 서로를 죽일 수도 있을 정도로 종교를 중요시한다. 그러나 내가 듣기로는 둘 중 어느 편도 실제로는 교회에 많이 가지 않는다. 내 생각에 북아일랜드에는 서로를 날려버릴 각오가 되어있는 무신론적인 가톨릭교도들과 무신론적인 신교도들이 살고 있다. 덜 선동적인 방식으로, 기독교의 특별한 어떤 형태가 민족적인 정체성의 표지로 축소될 수 있다. 이것은 이민자들에 의해 설립된 교회가 있는 미국에서 특히 분명히 드러난다. 미국에는 폴란드 출신 가톨릭교도와 아일랜드 가톨릭교도, 독일 루터란, 스칸디나비아 루터란이 있는데, 모두 저들의 교회 주차장에서 민족적 축제를 연다.

물론 기독교는 특정한 문화를 지지하고 영향을 끼칠 수 있으며, 문화는 하나님의 지상 왕국의 일부이며 소명활동의 중심지이다. 그러나 엄밀히 말해, 기독교는 모든 문화 속에 사는 개인들을 위한 보편적이고 포괄적인 신앙이다. 예수님은 자신의 백성들이 "모든 족속들"을 제자로 삼고 세례를 베풀라고 명령하셨다 (마태복음 28:19). 하늘에서 구속받은 이들은 "각 족속과 방언과 백성과 나라", 곧 모든 문화에서 온 이들을 포함한다.

그러므로 만일 기독교와 문화가 서로 겹치지 않으려면 그 관계는 어떠할 것인가? 리차드 니버(H. Richard Niebuhr)는 고전이 된 그의 책 『그리스도와 문화』에서, 이 관계에 대해 각기 다른 기독교 신학이 채용한 몇 가지의 형태를 보여준다.[50]

어떤 사람들은 기독교와 문화 사이의 갈등을 볼 때, 기독교를 변화시키고자 하는 충동을 느낀다. 그들 생각에는, 문화가 교회를 지배해야 한다. 과학적인 시대에는 교회가 그 초자연적인 가르침에 대한 목소리를 낮출 필요가 있다. 낭만주의 시대에는 교회가 좀 더 감정적이고 주관적이 될 필요가 있다. 지배적인 문화가 혼외정사에 대해 관대하면, 교회도 그렇게 해야 한다. 이것이 "자유주의신학"의 반응이다. 이것은 늘 여러 다른 형태를 취해왔으며, 특정 시대의 문화적 경향에 의존해왔다. 교회가 문화적으로 적절하기 위해서는 사회가 변화하는 데 따라 변화해야 한다는 가정이다.

자유주의신학에서는 세속적인 것이 거룩한 것을 삼켜버린다. 기독교는 단지 또 하나의 문화적 종교, 그저 빈약하고 무의미한 종교로 전락하고 만다. 다른 문화적 종교들은 그래도 최소한 주도력을 행사하며 영향을 끼친다. 그러나 이러한 형태의 신학적 자유주의는 그저 세속주의적인 유행의 선도자들을 비굴하게 따

---

50) H. Richard Niebuhr, *Christ and Culture* (New York: Harper Collins, 1986). 나는 니버의 패러다임들을 참조하고 있지, 그것들을 그대로 적용하지는 않는다. 나는 "문화위의 그리스도"나 "문화의 변혁자 그리스도"는 본질적으로 동일한 범주들이라고 생각한다.

라갈 뿐이다. 역설적이지만 그러한 견해가 교회의 초자연적 지위를 철저히 격하시키지만, 많은 목사와 신학자들의 피난처가 되고 있다. 저들은 자신들이 시대에 뒤질 경우 자신의 기관이 회원들을 잃게 될 것이라고 걱정한다. 그러나 평신도들은 문화가 특출 나고 교회가 제공할 수 있는 것이 아무 것도 없다면, 주일 아침에 그저 늦잠을 자도 된다고 생각하는 경향이 있다.

영적인 신념과 죄악된 세상 사이에서 갈등에 직면한 또 다른 종류의 사람들은 좀더 영웅적으로 행동한다. 그들은 세상을 변화시키려고 한다. 그들은 정치적 행동주의와 사회개혁 프로그램으로 뛰어든다. 입법활동, 정치적 파워, 사회의 설계를 통해 그들은 사회가 하나님의 도덕법을 따를 수 있도록 재조직 될 수 있다고 믿는다.

그러한 행동주의는 오래되었고, 흔히 특별한 역사를 가지고 있으며, 좌파와 우파의 정치적 의제를 열광적으로 지지하는 사람들에 의해 실천되어왔다. 그러나 교회가 정치적인 행동 위원회들로 바뀔 때, 자신의 초자연적인 초점을 잃어버리고 그 대신 지상의 프로그램에 집중하고 그저 또 다른 세상의 기구가 될 위험에 빠진다.

그리고 만일 그들이 완전한 사회를 설립하는 프로젝트에 성공한다 해서 그들이 얻을 수 있는 것은 무엇일까? 얻게 될 것은 또 하나의 신성화된 문화일 것이다. 인간의 손에 의해 땅위에 세워진 하늘은 영생과 동일한 것이 아니다. 반복하건대, 기독교는 항상 문화적 종교 그 이상이 되어야 한다.

또 다른 크리스천들은 죄악된 세상으로부터 퇴거함으로써, 신앙과 문화에 대한 자신의 갈등을 해소하려고 한다. 그들은 자신을 세속적인 즐거움과 기관들로부터 분리한다. 어떤 사람들은 고행의 방법을 추구하여, 즐거움과 사회 참여와 세속화된 이웃들이 즐기는 오락을 거부한다. 다른 이들은 음악, 서적, 영화, 그리고 비디오가 분명히 기독교적 내용을 담고 있을 때에만 그것을 즐긴다. 교회가 문화로부터 분리되어야 한다고 보는 이들은 종종 기독교적 원칙에 따라 자신들의 공동체를 세우려고 시도한다. 대표적인 예가 암만파(Amish people)인데, 이들은 자신의 공동체를 순수하게 유지하기 위해 현대의 과학기술을 거부하기까지 한다. 이것은 이삼십년 전 기독교 코뮨 공동체운동에서도 볼 수 있었고, 명확히 기독교적인 사업체와 기관들의 등장에서 볼 수 있다. 이것들은 기독교 하부문화를 구성한다.

반복하건대, 여기에는 감탄할 만한 것이 여럿 있다. 크리스천은 진정 죄로부터 분리될 필요가 있다. 자기 부정과 세상적인 것의 거부는 진정한 가치들이다. 그러나 그 접근 방법이 문제가 될 수 있다. 우선 한 측면은, 성경이 우리에게 세상 안에서의 섬김과 행동을 분명히 명하고 있다는 것이다. 우리의 기독교적 동굴 속으로 숨어 들어가고 세상은 글자 그대로 지옥에 빠지게 하는 것은, 성경이 쉽사리 인정하지 않는 은둔(隱遁)이다. 이 외에도, 이러한 태도로 인해 생성되는 하위문화는 그 자체의 문화적인 문제를 얻게 되는 경향이 있다. 바깥 문화에 특징적인 동일한 정치적 게임들과 지위 싸움, 세속적인 관심사들이 문제점으로 나타난다. 모든 문화를 더럽히는 죄의 얼룩은 그렇게 쉽게 피할 수 없다.

교회가 문화를 지배하려고 하든지 아니면 그 자신의 문화를 형성하려고 하든지, 죄의 뿌리는 너무 깊이 박혀있다. 이 두 가지 방안 중 어느 것도 결코 성공할 수 없다. 기독교 제국들은 부패에 굴복하게 된다. 기독교 공동체들은 시기와 인간적 갈등과 공공연한 죄로 인해 분해된다. 기독교도들을 포함하여 어느 누구도 완전하게 도덕적인 삶을 살 수 없으며, 더구나 다른 사람을 그렇게 살도록 강제 할 수는 없다. 그리고 이 사실에 근거하여, 완전히 기독교적 문화를 세우려고 하는 모든 시도는 실패한다.

사회에 순응을 하건 개혁을 하건 혹은 그것으로부터의 분리를 설교하는 것은 율법의 신학이지 복음의 신학은 아니다. 율법의 신학은, 인간이 율법을 완수할 수 없는 죄의 노예 상태에 있다는 사실을 부정하면서 기독교를 어떤 규정과 행위와 행동 양식으로 축소시키는 것이다. 더 심각한 일은, 기독교가 하나님의 은혜와 그리스도의 대속과 죄의 용서에 대한 것이라는 사실을 소홀히 하는데 있다. 다른 말로 하면, 야심적인 왕국 건설에 있어서, 십자가의 신학보다는 영광의 신학이 나타난다.

두 왕국의 시민

그러나 한편, 활동주의와 세상으로부터의 분리는 모두 정당성이 있다. 그런데 이 둘을 다 하는 것이 가능한 일인가? 성경은 기독교와 문화의 문제에 대해 훨씬 더 복잡한 자세를 요구하는 것 같다. 예수님은 겟세마네에서 체포당하시기 전에 자신을 따르는 이들을 위해 이렇게 기도하셨다.

> 내가 아버지의 말씀을 저희에게 주었사오매 세상이 저희를 미워하였사오니 이는 내가 세상에 속하지 아니함 같이 저희도 세상에 속하지 아니함을 인함이니이다. 내가 비옵는 것은 저희를 세상에서 데려가시기를 위함이 아니요 오직 악에 빠지지 않게 보전하시기를 위함이니이다. 내가 세상에 속하지 아니함 같이 저희도 세상에 속하지 아니하였삽

나이다. 저희를 진리로 거룩하게 하옵소서. 아버지의 말씀은 진리니이다. 아버지께서 나를 세상에 보내신 것 같이 나도 저희를 세상에 보내었고. (요한복음 17:14-18)

그를 따르는 자들은 — 주님은 그의 직접적인 제자만 포함시킨 것이 아니라 "저희 말을 인하여 나를 믿는 사람들"(17:20), 곧 우리도 포함시켰는데 — "이 세상에 속하지" 않았지만, 주님은 저들을 "세상 속으로"보내신다. 어쨌든 크리스천은 "세상에 속하지는 않았지만 세상 속에" 살아야 한다. 그리하여 여전히 타세상적으로 살면서도, 세상일에 관여해야 한다.

기독교인들이 이 문제에 대해 취한 여러 가지의 태도를 열거한 것 중에서, 니버는 루터란의 태도를 "모순 가운에 있는 그리스도와 문화"라고 묘사한다. 루터란은 이것을 두 왕국 교리라고 부른다. 이 견해에 따르면 하나님은 문화를 지배하시고 하나님은 교회를 지배하신다. 그러나 두 가지 다른 방법으로 하신다.

문화에 대한 루터란 신학에 따르면, 하나님은 모든 존재 위에 계신 절대자이시다. 떨어지는 참새로부터 시작하여 성운(星雲)의 운동까지, 그리고 모든 개인의 양심의 내적 작용으로부터 시작하여 국가의 거대한 일들까지, 모두 그의 주권 하에 있다. 즉 소위 말하는 세속적 영역도 모두 그의 통치하에 있다.

하나님을 믿지 않는 사람들조차도 그의 통치와 보호아래 있다. 그들은 죄와 죄의 결과를 억제하는 그의 도덕법 아래 있다. 인간의 죄짓는 기질이 완전히 풀려진다면, 그것은 모든 인간관계를 찢어버릴 것이다. 억제되지 않은 죄는 어느 사회에나 필요한 협력과 상호 의존관계를 다 끊어놓을 것이다. 문화는 불가능해질 것이다. 이처럼 하나님의 율법은, 양심의 억제와 외적인 사회적 강제와 법적 구조와 모든 문화가 지지하는 도덕적 가르침 속에, 명백히 드러난다.

또한 모든 사람은 어떤 신앙을 가졌든지 아니면 신앙을 갖지 않았든지, 하나님의 섭리와 돌보심 아래 있다. "하나님이 그 해를 악인과 선인에게 비춰게 하시며 비를 의로운 자와 불의한 자에게 내리우심이니라"(마태복음 5:45). 하나님의 섭리하시는 능력은 인간들의 일상적인 삶과 일을 통해 역사한다. 하나님은 그를 알지 못하는 사람 속에서도 가면에 가리어져 계신다. 말하자면, 우리가 보았듯이 하나님은 소명을 통해 일하신다. 그의 모든 창조물은 그의 왕국을 구성한다.

그러나 하나님은 또 다른 왕국, 즉 구원과 은혜의 왕국이 있으시다. 하나님은 자신이 구원하시려고 손을 뻗으시는 사람들에게는 다른 방법으로 관계하신다. 하나님은 그들을 자신이 성령을 통해 인도하시는 교회로 모으신다. 하나님은 자신의 지상 왕국을 능력으로 통치하시고, 자신의 영적 왕국을 사랑으로 통치하신다. 하나님의 지상 왕국은 율법아래 있고, 그의 영적 왕국은 복음아래 있다.

크리스천은 두 왕국의 시민들이다. 이처럼 그들은 자기 문화의 활동적인 구성원이다. 그들은 도덕적인 행동을 통해 자신의 이웃을 섬기도록 소명 안에서 부름을 받았다. 그들은 또한 전적으로 믿음으로 의롭게 된, 그리스도 교회의 일원이다. 영적 왕국에서, 그들은 하나님 은혜의 수동적인 수여자들이다. 지상 왕국에서, 그들은 자신의 소명의 일 가운데서 하나님을 위해 일하는 능동적인 존재들이다. 크리스천은 두 영역에서 동시에 기능을 해야 한다. 그리하여 그들은 "세상 안에 살지만, 세상에 속하지는 않는다."

두 왕국론의 의미

두 왕국의 교리는 크리스천의 활동성을 장려한다. 루터란주의는 국가에 맹목적인 순종을 장려한다고 흔히 비판을 받는다. 이들 루터란이 믿는 것처럼 통치자라고 하는 소명이 그를 하나님의 가면으로 만든다고 한다면, 불의한 통치자에 대한 저항은 하나님께 대한 저항으로 해석된다. 세속 권위자들이 하나님의 왕국의 일부이고 교회가 순전히 영적이어야 한다면, 루터란주의는 사람들이 그들의 지도자들을 비판하거나 사회적 변화를 위해 일하지 못하도록 막는 것처럼 보일 수 있다. 두 왕국론을 그렇게 보는 것은 전혀 잘못된 생각이다. 비록 일부 루터란이 그러한 오해를 품어왔다고 할지라도 말이다. 사회적 구조와 정치적 구조를 말할 때 결코 잊지 말아야 할 것은, 다름 아닌 하나님이 왕이시라는 것이다. 하나님은 세상의 기구들을 통해 일하신다. 세상의 기구들은 모두 그의 법에 굴복한다.

도덕법의 첫 번째 사용은 악을 억제하는 것으로서, 특히 사회의 악들에 적용된다. 통치자들이 (혹은 정치 제도 혹은 문화가) 하나님의 도덕법을 위반할 때 — 그들이 부패하거나, 압제자들이거나, 명백히 악할 때 — 그들은 하나님의 뜻에 반역하는 것이고, 자신의 소명 밖에서 행동하는 것이다. 하나님의 법을 위반할 때 그들은 책임을 묻게 된다. 시민이 되는 것 자체는 소명이며 크리스천 시민은 어디서 보게 되든지 악을 비판할 권리가 있으며, 공적인 영역에서 사회적, 정치적 그리고 문화적 의를 위해 노력할 권리가 있다.

우베 시몬 네토(Uwe Siemen-Netto)는 그의 책 『날조된 루터』(The Fabricated Luther)에서 루터란주의가 압제를 용인한다는 주장을 철저히 반박하였다.[51] 내가 저술한 『현대의 파시즘』(Modern Fascism)에서 보여주듯이, 성경을 유대적이라 하여 거부하고 자신의 이데올로기를 '의지의 승리'라고 요약한 히틀러는 '적(敵)그리스도'가 아니라면 최소한 '적(敵)루터'였다. 국가 사회주의를 지지한 "독일 교회"(German Church)는, 오랫동안 문화적 종교의 역할을 수용하여 문화가 기독교를 지배한다고 가르쳤으며, 성경의 초자연적 요구를 최소화하였다.[52] 성경을 떠받들고 "노예 의지"를 인정하는 정통 루터란은, 자신의 신앙이 그러한 것을 거부한다고 고백한 사람들의 인격과 증거를 따라, 그러한 모든 문화 숭배와 우상숭배와 하나님의 명령에 대한 반항을 거부해야 한다.[53]

그러므로 정치에 대한 루터란적 시야는 극히 실제적이다. 루터란적 시야는 모든 유토피아적인 계획을 믿지 않을 것이다. 인간에 의해 만들어진 어떤 시스템이나 기관도 완전할 수 없다. 이것들은 모두 초월적이고 초(超)문화적인 하나님의 율법에 기초한 도덕적 비판에 굴복해야 한다. 동시에, 하나님의 지상 영역

---

51) Uwe Siemon-Netto, The Fabricated Luther (St. Louis: Concordia Publishing House, 1995).

52) Gene Edward Veith, Modern Fascism: Liquidating the Judeo-Christian Worldview (St. Louis: Concordia Publishing House, 1993), pp. 56-77, 92-93.

53) 히틀러에 대한 정통파 루터란의 항거를 보기 위해서는 Hermann Sasse의 삶을 보라. 그는 나치에 항거하다가 호주로 망명해야 했던 사람으로서 20세기 가장 위대한 신앙 고백적 루터란 신학자들 중의 하나이다.

속에 있는 소명의 교리는 적극적인 사회적, 문화적, 정치적 활동을 정당화한다. 기독교 시민은 그들이 적극적인 활동주의를 통해 지상에 천국을 건설할 수 있을 것이라는 착각 아래 있지 않을 수 있다. 그러면서도 그들은 여전히 하나님의 도덕적 요구사항들을 지지하고 적용해야 한다.

두 왕국론은 크리스천이 세속적 영역에서 효과적인 활동을 할 수 있도록 자유롭게 만들어주고 공적인 정책에서 자주 접하게 되는 딜레마의 매듭을 풀어준다. 예를 들어, 사람들은 흔히 도덕이 종교의 주된 사업이라고 생각한다. 그리하여 낙태 반대자들은 자신의 종교를 다른 사람에게 강요하려고 한다는 비난을 듣는다. 정교분리의 국가에서 도덕적 원칙에 호소하는 것은 일반적으로 배제되는 일이다. 그러나 루터란주의에 따르면, 도덕은 교회의 주요 사업이 아니라 세속 왕국의 사업이다.

종교, 즉 하나님께 대한 인간의 관계는 율법에 기초하지 않고 복음에 기초한다. 그러나 서로에 대한 우리의 사회적 관계는 율법에 기초하고 있다. 하나님의 도덕법은 비기독교도의 마음에도 새겨져 있다 (로마서 1:24-15). 생명의 보호는 모든 문화권내에서 모든 정부들이 추구하는 사업이며, 크리스천은 도덕적 근거에 기초하여 낙태에 반대할 권리가 있다. 이것은 종교를 어느 누구에게 강요하는 것이 아니다. 만일 그렇다면 이는 사람들에게 강제로 그리스도에 대한 믿음을 갖도록 하는 것도 포함해야 할 것인데, 이런 일은 가능하지 않다. 크리스천은 실용적인 방책을 통해 생명을 보호하고 또한 다른 도덕적 원칙들을 지지하기 위해 일할 수 있다. 그는 이를 위해서 비기독교도와 동맹을 맺을 수 있고, 정치력을 이용할 수 있고, 법률조례를 통해 서도 할 수 있다.

두 왕국론은 행동주의와 문화 참여를 허용하는 동시에, 교회가 세상으로부터 분리되고 구별되도록 한다. 교회는 문화를 모방해서는 안 되며, 문화의 모든 의제를 따라서도 안 된다. 교회의 우선적인 일은 복음 선포이지 법의 시행이 아니다. 크리스천은 자신의 문화 속에 자유롭게 참여할 수 있지만, 무비판적이어서는 안 되며, 죄의 실체를 인정하고, 세상의 무상성으로부터 어느 정도의 초연성을 유지하면서 해야 한다. "우리가 여기는 영구한 도성이 없고 오직 장차 올 것을 찾나니"(히브리서 13:14). 이 세상 속에 우리의 도성은 있다, 하지만 영구한 도성은 아니다.

두 왕국의 혼동

교회가 문화처럼 기능을 한다든지 문화가 교회처럼 기능을 할 때와 같이, 두 왕국이 서로 혼동될 때 문제가 발생한다. 한 영역에서 적합한 것이 다른 영역에서는 적합하지 못한 경우가 흔히 있다. 이윤의 동기는 경제영역에서 잘 어울리고, 범법자들은 경찰이 감옥에 넣는 것이다. 그러나 교회의 성공은 들어오는 헌금의 양에서 찾을 수 없으며, 교회는 그 가르침에 거역하는 사람들을 들어오지 못하게 할 수 없다. 종교재판소를 운영 한다든지 혹은 성전(聖戰)을 수행하는 것은 결코 교회의 일이 아니다.

자신의 종교적 신념을 타인에게 "강요"하는 것은 진정 복음을 위반하는 것일 것이다. 루터는 교회가 강제력을 사용해서는 안 된다고 주장했다. 교회는 칼의 사용이 허용되지 않는다. 단지 말씀만 사용할 수 있다. 구스타프 빙그렌은 말한다. "교회 다니는 사람은 모든 지상의 무기를 삼가야 하고, 모든 강제력과 세속적 힘의 추구를 삼가야 한다. 이는 말씀이 외적인 힘을 사용해서는 안 되기 때문이다. 그러므로 목사가 설교단에 올라가 그저 설교된 말씀의 내적이고 비가시적인 능력을 의지할 때, 그는 소명에 충실한 사람이다."[54] 전쟁은 공의로울 수 있고, 어떤 사람의 세상적 소명 안에서 수행될 수 있지만, 그리스도를 위해 사람들을 정복하려고 하는 종교 전쟁은 그 자체로서 전혀 합당한 것이 아니라고 루터는 믿었다.[55]

루터는 말하기를, 크리스천은 무력을 사용해서 자신의 신앙을 방어하기보다는 그리스도의 십자가를 따라 자신의 신앙을 위해 고난을 받아야 한다고 하였다. 신앙은 하나님의 선물로서, 은혜의 수단들을 통해 역사 하시는 성령의 사역이다. 그것은 어떠한 힘이나 칼을 통해 사람에게 강요될 수 없다.

다른 한편, 세속적인 영역은 권력 곧 칼의 직무를 사용한다. 교회가 아니라 적법한 세속 정권이 전쟁을 수행할 수 있고, 순종을 강요할 수 있고, 범죄자를 징벌할 수 있다. 그러나 세속적 권위자는 목사에게 무엇을 설교해야 할지에 대해 말하거나 아니면 말씀의 직무에 간섭해서는 안 된다. 오히려 그는 스스로를 방어하지 않는 교회를 보호해 주어야 한다.

두 왕국의 혼동은 지상의 왕국이 영적 왕국의 일을 흉내내려할 때도 생긴다. 루터란이 되기 전, 나는 범죄 문제에 대한 해결책은 모든 범법자들을 감옥에서 풀어주는 것이라는 어떤 목사님의 주장을 들은 적이 있다. 예수님은 포로 잡힌 이들에게 자유를 선포하기 위해 오신 것이 아니었던가? 만일 우리가 진정으로 성경을 믿는다면 우리는 그것을 문자 그대로 받아들여야 한다. 그러니 만일 우리가 감옥을 비운다면 강도들과 살인자들이 크게 감

---

54) Gustaf Wingren, Luther on Vocation (Evansville, IN; Ballast Press, 1994), p. 114.
55) Wingren, p. 112을 보시오.

명을 받아 스스로를 개혁하려고 할 것이라는 말씀이었다. 내가 그 이야기를 들은 그 당시에도 그러한 정책제안은 세상물정 모르는 소리처럼 들렸다. 나는 지금 그것이 두 왕국의 혼동이라는 것도 안다. 지상의 왕국은 법을 집행하기 위해 존재하지만, 영적 왕국은 용서를 실천하기 위해 존재한다. 재판관은 공의를 집행해야지 복음 안에만 발견되는 무조건적인 자비를 집행해서는 안 된다. 분명, 법률 체계에서도 관대함은 일정한 조건하에서는 허용될 수 있지만, 이 법률 체계는 단순히 범죄자들을 사면해줄 수는 없다. 그리스도는 물론 그렇게 하실 수 있다. 범죄자는 회개하여 그리스도에게로 돌아서고, 완전한 용서와 교회 안에서의 용납을 받을 수 있다. 그러나 영적인 회심이 있다고 해서 범죄자가 국가에 의해 받는 징벌로부터 면할 수는 없다.

지상의 권세자들이 영적인 유익을 줄 수 있는 듯이 참견을 할 때도 두 왕국은 혼동될 수 있다. 인간의 이데올로기와 사회적 설계를 통하여, 모든 인간적 문제를 해결하고 인간의 본성을 개혁하며 죄의 결과를 제거하려는 계획은 의도는 좋게 보일지 몰라도 대부분 위험스러운 일이다. 인간들이 지상에 천국을 건설하기 위해 유토피아적인 계획을 궁리할 때 오히려 지옥을 세우기 쉽다는 것이 역사의 커다란 아이러니이다. 이것은 프랑스 혁명의 평등주의가 그랬고, 파시즘의 국가 숭배가 그랬고, 공산주의의 변증법적 물질주의가 그랬으며, 모든 선동가들의 거짓된 약속들에서 그러했다. 인간 사회와 정부들은 본질적으로 제한되어 있고, 실패하기 쉽고, 죄로 얼룩져 있다. 그것들은 인간적 봉사와 신적 봉사의 영역들이긴 하지만 결코 하늘나라가 될 수는 없다. 하늘에 갈 수 있는 유일한 길은 예수 그리스도의 십자가뿐이다.

교회는 권력과 사회적 명성과 수사적인 설득력과 인간적으로 계획된 프로그램에 의존하지 않는다. 교회가 갖고 있는 전 재산은 말씀과 성례전이다. 이것들은 이 세상과 모든 영광의 신학자에게는 약하게 보일지라도 사실은 삶을 변화시키는 성령의 능력을 수행한다.

교회는 그 일원인 크리스천들과 함께 타세상적이어야 하고, 하나님의 영적인 왕국의 초월적 실재와 인간의 마음속에 있는 하나님의 통치와 영생에 대한 하나님의 약속에 초점을 맞추어야 한다. 그러면서도 크리스천은 소명가운데에서 이 세상의 일에도 관여해야 하고, 하나님의 율법을 지지하고, 모든 삶의 영역에 대한 하나님의 섭리적 지배에 있어서도 자신의 몫을 감당해야 한다. 다시 말하건대, 역설의 두 기둥은 유지되어야 한다. 신비적인 환상 속으로 퇴거하는 신앙인들은, 이웃을 섬기고 세상 속에서 행동해야 하는 책임은 무시한 채 세속 왕국의 요구를 등한히 하는 것이다. 반면 신앙의 초자연적 요구를 거부하고 사회적 활동주의와 사회 진보를 신뢰하는 신앙인들은, 영적인 왕국의 요구를 등한히 하는 것이다.

두 왕국은 지금 동시에 존재하는 것이지, 마치 영원에 대한 주장이 사후에나 해당되는 것처럼, 혹은 사회의 도덕이 국가가 필요 없게 되는 미래를 위한 것처럼, 미래의 실체들로서 존재하는 것이 아니다. 크리스천은 누구나 동시에 두 왕국의 시민이며, 영적으로 그리고 세상 안에서 기능을 해야 한다. 크리스천은 이 긴장 속에서 살며 자주 갈등상태에서 살아간다. 이는 죄와 사탄이 두 영역을 황폐화시키고 혼동 시키려고 하기 때문이다. 그러나 하나님은 궁극적으로 자신이 만드신 모든 것을 ─ 교회와 국가, 신자와 불신자, 거룩한 것과 속된 것 ─ 통치하신다.

일상생활의 영성

"크리스천은 소명 안에서와 교회 안에서 산다"고 빙그렌은 요약한다. "소명은 율법의 구체적인 형태이며, 교회는 복음의 구체적인 형태이다."[56] 둘 다 크리스천의 삶에 있어서 불가결한 면들이다. 복음 속에 있는 믿음을 알고 세상 속에 있는 적극적인 봉사를 아는 사람, 즉 두 왕국 안에서 의식을 갖고서 사는 사람은 영적인 균형을 갖춘 사람이다. 그 균형 속에서 세속적인 것과 거룩한 것, 도덕과 자유가 각기 자신의 자리를 차지한다.

루터는 보잘 것 없는 직업에 종사하면서 자신이 두 왕국 중 어디에 서 있는지를 아는 보통사람의 상태를 다음과 같이 묘사한다.

> 그가 (예를 들어, 구두수선공이나 대장장이가) 이 둘, 곧 마음을 깨끗하게 하는 하나님을 향한 믿음의 말씀에, 그리고 그의 삶의 자리에서 이웃을 향해 어떻게 행동해야 할지를 가르쳐주는 말씀에 매달리는 한, 그가 손과 온 몸을 갖고서 더러운 것만 만질지라도 모든 것이 그에게는 깨끗하다.[57]

검댕이 묻은 노동자는 그리스도에 대한 믿음을 통해 마음속은 깨끗하다. 거꾸로 말해서, 검댕이 묻은 그의 세상은 모두 그에게 깨끗하다. 이것도 그가 소명을 받은 하나님의 왕국의 일부이기 때문이다.

---

56) Wingren, p. 123.
57) Wingren, p. 123에서 재인용.

루터는 언뜻 보기에 서로 상반되는 제목을 갖고 있는 신학적 걸작품을 두 편 저술하였다. 하나는 『노예 의지론』으로서 죄에 대한 우리의 종 됨과 우리 자신을 구원할 수 없음과, 하나님의 은혜에 대한 절대적 의존성을 강조하고 있다. 반면 『크리스천의 자유』는 그리스도의 믿음에 의해 열려진 전적인 자유를 탐구한다. 이 논문은 이율배반적인 두 개의 논제를 내세우고 있다.

> 크리스천은 전적으로 모든 이의 주이며 누구에게도 종속하지 않는다. 크리스천은 전적으로 모든 이의 충성된 종이며 모두에게 종속되어 있다.[58]

영적인 왕국은 완전한 자유의 왕국으로서, 왕과 농부, 부자와 가난한자, 모든 문화와 소명의 남녀가 그리스도 앞에서 동등하다. 그들은 율법의 요구와 세상의 요구들로부터 자유롭다. 그러나 그들이 세상의 왕국에서 사는 동안은, 섬김의 삶을 살기 위해 자신의 영적인 자유를 *기꺼이* 포기한다. 크리스천은 자신의 이해관계를 타인의 선(善)에 예속시키고, 사랑과 선행으로 자신의 소명을 실천하고, 자발적으로 자신의 이웃을 섬긴다. 다시 말하지만, 일상의 삶은 변화 되었다. 그리고 믿음과 선행은 동전의 양면으로 나타난다.

우리는 고상한 영적 삶이 신비적 환상이나 초인간적 덕목이나 모든 장애물을 극복하는 초자연적 능력을 포함할 것이라고 자

---

58) Martin Luther, "Treatise on Christian Liberty" [The Freedom of a Christian], in Martin Luther: Selections from His Writings, ed. John Dillenberger (New York: Anchor Books, 1961), p. 53. 이 글을 포함하여 루터의 여러 글들이 아래에 수록되어 있다: 『루터선집』(전12권), 지원용 감수/편집 (서울: 컨콜디아사, 1981-1989) — 역자 주.

주 기대한다. 그러나 실제적으로, 영적인 삶은 외관상으로는 다소 일상적인 것으로 판명이 된다. 그것은 결혼하고 자녀를 양육하기, 문제와 씨름하기, 직장 다니기와 같은 인간관계의 보편적인 경험을 포함한다. 두 왕국설은 하나님이 일상적인 매일 매일의 삶 속에 숨어 계시다는 것을 가르쳐준다.

이처럼 초월적 황홀경의 순간만이 "영적인" 것은 아니다. 인간관계들이 영적인 것이다. 결혼생활에서 자주 있는 일이지만, 사랑하는 사람에게 너무나 몰두하는 나머지 자신을 잊어버리는 기쁨은 고상하고도 거룩한 경험이다. 당신이 자녀를 보호하고 바로잡고 돌보고 사랑하면서 부모로서의 역할을 할 때, 당신은 자녀를 위해 하는 일 한가운데에서 숨어 활동하고 계신 하나님께 매우 가까이 있는 것이다.

우리가 일에서 느낄 수 있는 만족감은 영적인 것이다. 당신이 가장 잘 할 수 있는 일을 할 때, 일이나 예술에 푹 빠져 있을 때, 그리고 일이 아주 잘 진행되어 갈채를 받을 때, 당신에게 재능과 소명을 주신 하나님은 뒤 배경에서 가까이 숨어 계신다.

우리는 섬기고 일할 때만 아니라 다른 이들을 통해 하나님의 선물을 받을 때도 그 분과 마주치게 된다. 배우자나 부모 혹은 친구에게 사랑을 받는 사람은 진정한 의미에서 하나님으로부터 사랑을 받는다. 다른 사람의 소명으로부터 유익을 얻는 것은 ― 레스토랑에서 음식을 먹고, 차 수리를 받고, 병원에 가고, 경찰관을 볼 때 차의 속력을 낮추고, 잘 만들어진 수공예품을 사는 것 ― 다 하나님께 감사할 조건들이다. 나에게 있어서는, 예술을 감상하는 것은 ― 음악을 감상하고, 소설을 읽고, 그림을 보고서 입이 벌어지는 것 ― 인간의 소명가운에 있는 하나님의 주권을 보는 특별한 예이다. 나에게는 전혀 없는 종류의 소명을 갖고 있는 사람들이 하나님으로부터 받은 재능을 통해 내가 그러한 분에 넘치는 즐거움을 받을 수 있다는 것은 항상 내 마음을 찬양의 느낌으로 채운다. 이 찬양은 예술가에게만 아니라, 그의 모든 선물을 풍족하고 아낌없이 내려 주시는 하나님께로 향한다.

제 6 장

결론:
하나님께 예배드리기

나는 아내와 함께 처음으로 루터교 예배에 참석했던 날을 기억한다. 자유주의적이고 복음주의적인 배경에서 왔기 때문에 우리는 그렇게 의식을 갖춘 예배를 드려본 적이 없었다. 우리는 예배가 좋았다. 그 예배는 우리가 익숙해 있었던 것과는 달랐다. 우리는 무엇인가 의미심장한 것이 진행되고 있다는 것을 느낄 수 있었다. 놀랍게도, 회중은 영창을 시작했다. 그날 예배에서 예배의식은 순서지에 따라서가 아니라 붉은 책에 따라서 했다. 기도 순서들이 있었고, 성경 봉독이 있었고, 고대로부터 내려오는 찬송을 불렀다. 가운과 영대(목사가 목에 두르는 띠로서 멍에를 상징함 — 역자 주)를 입고 있는 목사님은 사죄를 선포하고 있었고 십자가의 성호를 그었다. 의식은 설교에서 최고조에 다다랐다가 다시금 성례전에서 절정에 이르렀다. 성찬 참례자들은 경배하면서 무릎을 꿇었고 목사님은 하얀 전병(煎餠)을 그들의 입에 넣어주었다. 우리는 중세시대로 되돌아간 것과 듯한 느낌을 받았다.

나중에 안 일이지만, 우리가 매우 의식적이라고 생각했던 그 첫 번 예배는 사실은 그 교회의 *형식 없는* 예배였다. 그 교회에서는 한 달에 한 번 격식을 차리지 않고 예배를 드렸던 것이다. 다른 때에는 전통적인 루터란 예배의식을 따른다. 그 이후로 나는 루터란이 좀 덜 의식적인 예배 스타일을 시도할 때라도 대개는 다른 교파의 예배 보다 더 의식적인 예배가 된다는 것을 알게 되었다.

루터란 영성은 루터란 예배 안에 구체화되어있고 명백히 표현되어 있다. 사실 나는 칭의나 소명과 같이 겉보기에는 개인적이고 영적인 주제를 가지고 논의하고 있지만, 교회 없이는 진정한 루터란이 될 수 없다. 율법과 복음, 구원하는 말씀과 성례전, 목사의 소명 그리고 그리스도의 실재 임재는 예배의식의 모든 부분에 생명을 준다. 매주일의 예배에서 크리스천은 그리스도의 선물을 받는 신적인 드라마, 하나의 신비에 참여한다.

거룩함의 신비

그 교회에서 수개월간 예배를 드린 후 나는 그 예배에서 무엇이 다른지를 깨닫게 되었다. 나는 전에 전혀 알지 못했던 것, 곧 거룩함의 느낌을 경험하고 있었던 것이다. 예복과 예전과 교회미술과 음악은 예배에서 일어나고 있는 것을 일상생활로부터 "구별하고" 있었다. "거룩함"은 문자 그대로 "구별 한다"는 의미이다. 우리의 평등주의적이고 격식을 차리지 않으며 편한대로 행동하는 태도를 갖고 있는 미국에서는, 어떤 것도 구별된 것이 없으며, 흔히 말하듯이, 어떤 것도 거룩하지 않다. 그러나 나는 교회가 거룩한 어떤 것을 발견할 수 있는 장소라는 것을 배우고 있었다. 목사님이 제단에 있는 십자가와 하나님의 말씀에 절을 하는 방식과 회중이 일어나 무릎을 꿇는 방식과 의식문의 위엄 있는 언어는 무엇인가 다른 것, 무엇인가 비상한 일이 예배 중에 일어나고 있다는 것을 확신시켜 주었다.

그리고 예배가 성찬에서 절정에 이르렀을 때, 거룩함의 신비는 손으로 만질 수 있었다. 아내와 나는 성찬을 받을 수 없다는 것을 알고 있었다. 우리는 철저히 교육을 받고 교회의 교제에 받아들여지고 우리가 하고 있는 것을 이해할 때까지는, 그리스도의 몸을 받을 수 없다는 것을 알았다. 우리가 다녔던 다른 모든 교회는 성찬식을 그렇게 큰 일로 여기지 않고서, 성찬식에 참석하는 사람에 대해 너그러웠지만, 나는 루터란의 제한적인 성찬 시행과 엄격한 공동체의 규정을 불쾌하게 생각하지 않았다. 그러한 시행은 내 경험에는 낯 설은 것이었지만, 그것은 무엇인가 엄청난 것이 성례전에 일어나고 있다는 느낌을 더 해 주었다. 그리고 배찬자들이 제단에 올라가 무릎을 꿇고서 목사님이 들려주는 "그대를 위해 주어진, 그리스도의 참된 몸 이니라"는 말을 그대로 믿으면서 성찬을 받고, 종종 환희와 황홀감에 젖은 얼굴을 하고 회중석으로 돌아오는 것을 볼 때 성찬식의 뜻을 분명히 알게 하였다.

많은 사람들은 루터란이 감정적인 방식으로 예배드리지 않는 것을 놀려대며, 루터란 자신들도 스스로에 대해 그렇게 생각한다. 루터란 예배는 진정 객관적인 특징이 있다. 곧, 다른 신학에서 선호하는 좀 더 주관적인 방식과는 매우 다르게, 은총이 사람의 지각작용 밖에서 실제로 작용한다는 의미이다. 루터란 예배는 하나님중심이지, 인간중심이 아니다. 그러나 나는 루터란의 의식예배가 지극히 감동적이라고 생각한다. 그것은 나를 감정적이 되게 한다. 순간적인 해방감의 차원에서가 아니라, 진정으로 실제적인 것에 대한 강력한 반응의 차원에서 그렇다.

예배의식과 설교의 깊이와 내가 읽기 시작한 교리의 풍부함이 너무나도 강력해서 우리 부부는 등록을 결심했다. 그러나 이것은 쉽지 않았다. 우리는 곧장 제단에의 부름을 받고, 앞으로 나가 "교제의 오른 손을 잡음으로써" 교회의 일원이 될 수 없다는 것을 몇 주가 지나서야 깨닫게 되었다. 그러다가 우리는 입교를 하게 되었다. 우리는 수개월에 걸친 교리 강좌반에 참석해야 했는데, 그것은 내가 방금 끝마친 대학원과정처럼 철저하고 또 길었다. 배워야 할 것이 너무나도 많았다. 마침내 우리는 교회의 공동체 안으로 받아들여졌다. 우리는 주님의 만찬을 받았다. 나중에 우리의 새로 태어난 딸아이도 세례를 받았다. 우리는 점점 더 깊이 빠져들게 되었다.

지상의 천국

루터란 예배는 회중을 하나님의 말씀에 흠뻑 적신다. 성서봉독, 화답송, 입장송과 키리에('주여 우리를 불쌍히 여기소서'라는 내용의 영창으로서 고대교회로부터 내려오는 예배의식의 일부 — 역자 주)의 잘 짜여진 순서들은 우리의 비판자들이 말하듯, "공허한 반복들"이 아니다. 이것들은 성경 말씀 그대로이다. 루터란 찬송은 감정의 분출물이 아니다. 그것들은 성경의 본문을 교리적으로 그리고 예술적으로 엄격히 탐구한 것들이다. 신앙고백과 기도문들은 성경에 기초하고 있다. 루터란 설교는 결코 교훈적인 언설이 아니고, 현재 일어나고 있는 사건에 대한 명상이나 통속 심리학이 아니며, 지정된 성서본문으로부터 이끌어 낸 율법과 복음의 선포이다. 그리고 성찬은 신약성서에 기록된 주의 만찬을 재연하는 것이다. 하나님의 말씀은 루터란 예배에 골고루 스며들어 있으며, 하나님의 말씀은 은혜의 수단이다.

호주의 신학자인 존 클라이니히(John Kleinig)는 말하기를, 예배는 다름 아니라 지상에서 천국을 경험하는 것이라고 한다.[59] 이미 말했듯이, 지상의 왕국이 이 땅위에 하늘나라를 건설하려고 할 때, 그 결과는 대참사이다. 그러나 교회는 지상에 존재하는 동일한 영적인 왕국의 일부로서, 매주일 하늘을 이 땅으로 가져온다. 우리가 예배 중에 행하는 것은 성도들이 하늘에서 행하는 것, 곧 하나님의 존전 속으로 들어가는 것과 동일한 것이다.

클라이니히 목사는 성전예배로부터 시작하여 새 언약의 그리스도 중심적인 예배에 (히브리서 10장과 12장) 이르기까지 예배에 대한 성경적 가르침을 다루면서, 교회에서 예배드릴 때 우리는 하늘의 성도와 천사와 함께 예배하는 것이라고 주장한다. 예수님은 자신의 희생을 통하여 우리가 하나님께 나갈 수 있는 완전한 자격을 주신다. 우리는 그리스도안에 있기 때문에, 하나님의 눈에는 우리가 예수님이 거룩하신 것처럼 거룩하다. 그리고 그는 마치 우리가 예수님인 것처럼 우리의 모든 기도를 들으신다. 그래서 우리는 성소 안으로 그리고 하나님의 존전 안으로 들어갈 수 있는데, 이것은 앞으로 천국 안에서 일어날 것이며 또한 지금 매 주일 일어나고 있는 일이다.

---

59) 나는 클라이니히 목사가 Wisconsin주, Elm Grove시에 있는 Elm Grove Lutheran Church에서 강연을 했을 때, 많은 것을 배웠다.

클라이니히 목사가 말하듯, 우리가 장차 하나님 앞에서 어떻게 설 것인가를 알기 위해 죽을 때까지 기다릴 필요는 없다. 예배의 시작에서 우리는 죄를 고백하고 복음의 말씀을 들으며 우리 죄의 사함을 받는다. 목사님은 그의 소명 안에서 "그리스도 대신에, 그리고 그의 명령에 따라" 죄사함을 공포하고, 우리는 우리에게 대한 그리스도의 판결, 곧 우리가 용서받았다는 것을 듣는다.

말씀의 예배에서 하나님은 성경을 통해 우리에게 말씀하시고, 성령은 우리의 마음속에 믿음을 창조하신다. 우리가 찬송과 시편과 영광송에서 하나님을 찬양할 때, 우리는 모든 크리스천과 전 세계의 교회와 함께 하나가 되는 것이다. 게다가 고대의 순교자들로부터, 지금은 그리스도와 함께 있는 우리의 친구들과 친척들에 이르기까지, 하늘에 있는 모든 구속받은 무리들과 함께 하나가 된다.

구약의 제사장들이 성전의 거룩한 경내로 들어가기 전에 정결한 물로 자신들을 씻었듯이, 크리스천들은 세례가 있다. 구약의 제사장들이 희생양의 피로 자신들을 성별하였듯이, 크리스천은 주님의 만찬에서 그리스도의 피를 받는다. 그리고 그리스도께서 지금 하늘에 계시고, 그의 제자들에게 가까이 계셨던 것처럼, 떡과 포도주안에서 자기 자신의 참된 몸과 피를 주실 때 진정으로 우리에게 가까이 계신다. 사실 우리가 예배드릴 때, 예수님은 그가 제자들에게 가까이 계셨던 것보다 더 긴밀하고 더 가까이 우리와 함께 하신다고 클라이니히 목사는 말한다. 우리를 그의 십자가 안으로 받아주셨으므로, 그는 우리에게 더 가깝고 더 긴밀히 연결되어 있는 것이다.

십자가의 영성은 모든 도덕주의를 부정하지만, 사심 없는 봉사는 장려한다. 십자가는 합리주의적인 사색을 삼켜 버리지만,

그 모든 형언할 수 없는 신비 속에 있는 계시의 진리는 긍정한다. 십자가는 수치스럽고 평범하며 심지어 고통스러운 것을 높이 들어올림으로써 신비적 경험에 대한 단순한 추구를 반대하지만, 말씀과 성례전을 통해 그리스도와의 진정한 일치를 제공해준다.

　　하나님이 우리를 위해 모든 것을 행하시도록 하는 영성은 믿을 수 없을 정도로 너무 쉽고 좋게 보인다. 물론 율법에 의해 깨어지고, 자신의 본성에 거역하여 싸우며, 시련과 고난을 통해 투쟁하는 것이 결코 쉬운 일이 아니다. 그러나 또 다른 차원에서, 그것은 진정 쉬운 일이며 그리스도의 선물을 그저 받는 일일 뿐이다. 그리고 십자가 속에 있는 용서와 은혜의 복음은 교리문답서에서 말하듯, "가장 분명하고 확실하다." 이 진리는 그저 지적인 주장이 아니라, 예배 속에서, 마음 속 가장 깊은 곳에서, 이웃 사랑 속에서, 일 속에서, 그리고 일상적 삶의 일과 속에서 실천되어져야 한다.

부 록

최초 복음주의자들과 타 교파들

추가적 연구를 위한 자료들

최초 복음주의자들과 타 교파들

아래에 실은 글은 본인이 Touchstone: A Journal of Mere Christianity (1998년 5월/6월), pp.14-17에 기고한 것으로서 "복음적 가톨릭교도들과 신앙 고백적 복음주의자들: 루터란 신앙의 에큐메니칼 양극단"이라는 거창한 제목을 달고 있다.

이 글은 루터란주의를 기독교의 다른 전통들과 나란히 두고서, 오늘날의 루터교회의 배경을 설명하고, 도움이 될 수 있는 다른 설명도 곁들였다. 이 글의 내용을 책의 본문 속에 작업해 넣을 생각도 있었지만, 그 어조나 접근방식이 다소 달라서 독립적인 소논문으로 놓는 것이 제구실을 할 것 같으므로 여기에 부록으로 게재한다.

어떤 교회를 한 번 생각해 보라. 복음적이면서도 (예수그리스도를 믿음으로 값없이 죄 용서함 받는 것을 선포하는), 동시에 성례전적인 (중생하는 세례의 물과, 그리스도가 실재하는 성찬식에 그 영적 삶의 중심을 두는) 교회를 생각해보라. 계속해서 한 교회를 생각해 보라. 성서에 든든히 기반을 두고 있으면서도 독단적이고 주관적인 해석을 거부하고, 포괄적이면서도 지적으로 엄격하고 극히 전통적인 신학체계를 추구하는 교회를 생각해 보라. 어떤 예배를 생각해 보라. 힘 있는 설교와 역사적인 예배의식을 갖춘 예배를 생각해보라. 이 역사적 교회가 풍부한 영적 전통을 갖고 있지만 형식주의는 배제하고 있음을 생각해보라. 간단히 말해, 개신교의 최상의 요소와 구교의 최상의 요소를 갖춘 교회를 생각해 보라. 마지막으로, 이 교회는 인위적으로 만들어 진 작은 종파가 아니고 전 세계에서 가장 큰 크리스천 모임중의 하나라는 것을 생각해보라.

이런 교회는 자유신학의 공허함과 피상적인 미국식 복음주의에 싫증이 난 많은 크리스천이 꿈꾸어 오는 교회일 것이다. 그러한 교회는 존재한다. 이 교회는 부적절한 이름이긴 하지만 루터란이라고 불리는 교회이다.

전 세계적으로 육천만 명의 루터교인이 있다는 통계가 나와 있는데, 이는 모든 개신교 중 가장 큰 전통을 이룬다. 미국에 약 900만 명의 교인이 있고, 아프리카에 500만 명, 아시아에 500만 명의 교인을 갖고 있다. 브라질에는 100만 명이 넘으며, 파푸아 뉴기니아에서는 가장 주도적인 신앙 중의 하나이다. 미국에는 미조리의회의 루터교인이 250만 명이 있는데, 그 수는 미국의 성공회 신자 수와 거의 같다.

그런데 이 루터 교회는 미국 기독교에서 거의 알려지지 않은 것처럼 보인다. 가톨릭교도, 성공회교도, 침례교인, 오순절파, 칼빈주의자들은 신학토론이나 여론조사에서나 기독교 출판물에서 잘 등장하는 반면, 구원의 문제로부터 정치 문제에 이르기까지 모든 면에서 독특한 접근을 하는 루터란은 정작 신학적인 면에서 숨겨진 존재일 때가 자주 있다.

빌리 그래함 목사는 루터란을 "잠자는 거인"이라고 부른 적이 있다. 루터란주의가 비가시적인 교회, 혹은 루터가 하나님을 묘사한 것처럼, 스스로를 숨기는 교회라면 이것은 분명 일부는 그 자신의 잘못이고, 일부는 그 전통이 미국 문화와 갖는 신학적 긴장의 결과이다. 그럼에도 불구하고, 루터란주의는 기독교회 전체에 기여할 수 있는 점이 많이 있다. 철저히 연구된 신학을 갖추고 또한 그 신학을 충실히 따르는 하나의 교파로서 일부 루터란 교단은 대부분의 다른 교단보다 더 성공적으로 그들의 정통성을 잘 고수하였다. 그러나 그 이상으로, 루터란 신학과 영성은, 분열적인 신학 논쟁들이 균형을 잡고 또한 해결되게 하는 역동적인 양극성으로 인해 생기가 넘친다.

역 설

루터란 신학의 특징은 역설의 긍정이다. 칼빈과 알미니우스는 둘 다 조직신학을 구축하면서, 성경 속의 대립되는 모든 자료들을 이성적인 신앙체계로 설명해버렸다. 루터는 성경을 주해하면서 그의 신학을 발전시켰는데, 주해가 이끄는 어디로든 성서의 지형을 따라 가면서 성서의 가장 심오한 양극성들을 발전시켰다. 그 양극성들에는 율법과 복음, 참 하나님이시고 참 인간이신 그리스도, 동시에 의인이면서 죄인인 크리스천, 이신칭의와 세례의 거듭남, 물질적인 떡과 포도주 속에 있는 그리스도의 실재적 임재인 성찬식 등이 있다.

루터란은 항상 "복음주의적"이고도 "보편적인" 사상들을 확정했을 뿐만 아니라, 역설을 다루는 그들의 방법은 개신교도들을 분열시킨 논점들을 해소시켜준다. 칼빈주의자는 은총만으로의 구원을 강조하다가 이중 예정의 교리에까지 이르고, 알미니안주의자는 누구나 구원받을 수 있는 가능성이 있다고 주장하면서 의지의 전적인 자유를 강조한다. 루터란은 무엇보다 은혜를 강조하여, 하나님께서 십자가에 죽으시면서 우리의 구원을 위해 그야말로 모든 것을 행하시며, 그의 성령이 은총의 수단인 말씀과 성례전을 통해 우리의 삶 속으로 뚫고 들어오신다고 말한다.

그러나 예수님은 만인을 위해 죽으셨으며, 어느 누구라도 구원받을 수 있는 가능성이 있다. 루터란주의는 칼빈주의와 알미니안주의의 최선의 것을 확정하는 한편, 전자의 배타성과 후자의 잠재적 펠라기우스주의를 (인간이 은총의 도움이 없이도 자신의 노력을 가지고 구원으로 향하는 첫 발자국을 내 디딜 수 있다고 주장한 고대의 이단 — 역자 주) 피한다. 오순절파는 성령을 강조하는데, 이것은 루터란도 마찬가지이다. 다만 변덕이 심한 인간 감정 속에서가 아니라, 말씀과 성례전 속에서 참으로 역사 하시는 성령을 더 구체적으로 발견한다. 루터란은 교리적인 열심에 있어서는 완강하면서도, 분리주의와 율법주의는 배제한다.

루터란 문화신학은 두 왕국을 긍정하여, 세속적인 것이 성스러운 것을 삼켜버리는 것을 막고, 성스러운 것이 세속적인 것을 삼켜버리는 것을 막는다. (이것은 왜 루터란이 내적인 면에 초점을 맞추면서도 자유롭고 또한 여유가 있는지, 왜 보수적인 듯 하면서도 정치에는 관심이 없는지에 대한 설명이 된다).

성례전을 중시하고 성경적이고 복음적인 선포를 갖춘 의식 예배를 따르는 루터란주의는 기독교의 여러 파벌들 사이에서 다리 역할을 할 수 있다. 물론 그것은 그렇게 간단한 일은 아니다.

만일 루터란주의가 "복음적 가톨릭주의"를 (많은 보수적 루터란이 선호하는 개념) 대표한다면, 그것의 역설들은 루터란주의가 모든 방면에서 공격을 받을 수 있다는 것을 의미한다. 복음주의자들은 루터란주의를 "너무 가톨릭적"이라고 간주하면서, 경직된 형식주의와 구식 음악 그리고 고대 의식을 놀려댄다. 그리고 더 심각한 것은, 루터란이 세례의 중생을 믿는다면 어떻게 믿음으로 구원받는 다는 말을 할 수 있을지에 대해 저들이 의아해하고, 또한 목사가 죄 사면을 선언할 때 소스라쳐 놀랜다. 가톨릭교도는 (그리고 동방정교회교도는) 루터란주의가 다른 모든 개신교도와 한 통속이라고 여긴다. 실제로 루터란은 "기독교의 해체"를 시작했기 때문에 가장 나쁘다고 생각한다.

개신교회 내에서, 칼빈주의자는 루터란이 "개혁에 있어 충분히 나가지 않았다"고 하면서 교황주의의 관습과 우상 숭배를 버리지 않는다고 공격한다. 알미니안주의자는 루터란이 의지의 자유를 믿지 않고 율법폐기론의 문을 열어놓았다고 하면서 공격한다. 오순절파는 루터란이 "냉냉하다"고 생각한다. 근본주의자는 루터란이 교리에는 강하지만 도덕에는 약하다고 말한다.

루터란의 사상 체계가 모든 방면으로부터 공격을 불러일으키는 것과 똑같이 루터란도 다른 모든 이들에 대해 반격을 가한다. 루터란은 알미니안주의자가 예정을 믿지 않는다고 정죄하고, 칼빈주의자가 이중 예정을 믿는다고 정죄한다. 루터란은 성령이 말씀을 떠나 인간 속에서 계시한다고 믿는 면에 있어서 가톨릭교도나 오순절파나 마찬가지라고 간주한다. 근본주의자에게는 그 율법주의 때문에 맹렬한 공격을 가한다. 사실 많은 루터란이 전혀 자신을 개신교도라고 여기지 않는다.

루터란 체계는 모든 부분을 지속적으로 강화시켜주는 교리적 엄격함에 의해서만 서로 결합될 수 있는 바로크식 구조를 갖고 있다. 성공회교도는 가톨릭과 개신교 사이에서 중도의 길을 시도하는데, 이 중도의 길은 타협과 폭넓은 일치 그리고 차이점에 대한 관용을 통해 가능하다. 이와 반대로 루터란의 길은 양극단의 길이다. 역설의 양 극단은 유지되어야 하고 강조되어야 한다. 체스터톤(Chesterton)이 "정통"이란 글에서 기독교의 역설에 대해 한 말은 루터란 신학에 특히 걸 맞는 표현이다. "우리는 혼합이나 타협을 원치 않고, 최상의 능력을 발하고 있는 둘을 다 원한다. 불타고 있는 사랑과 진노를 다 원한다." 기독교는 그리스도의 본성이나 인간의 도덕적 지위를 아리스토텔레스적 중용의 덕 개념으로 접근하지 않는다. 오히려 "기독교는 서로 맹렬하게 반대되는 것들을 그대로 보존하고, 또한 그 반대되는 힘을 조금도 약화시키지 않으면서, 이 둘을 결합시키는 어려움을 넘어섰다."

이와 같이, 루터란은 *매우* 성례전적이고 *매우* 복음적이다. 성공회는 비록 고교회적인 성격을 지니고 있지만, 그 교리조항이 성찬에서의 그리스도의 실재에 대해 물에 술탄 듯 술에 물탄 듯 분명히 확정하지 않는다고 하여 대륙의 루터란주의에 의해 단순히 개혁주의적 칼빈주의의 변종이라고 늘 따돌림 당해왔다. 소위 복음주의자들은 만족스러울 정도로 복음적이지는 않은데, 이는 그들이 "결단의 신학"과 도덕주의의 함정에 빠지고, 그야말로 인간에게 필요한 모든 것을 하나님께서 그대로 완수하신다는 것을 신뢰하지 않기 때문이다.

결과적으로 루터란 신학은 비록 어떤 의미에서는 기독교 영성의 전 영역을 포함하지만, 그럼에도 불구하고 다른 전통과는 전혀 다른 영성적 교리를 갖춘, 그 자체로서 독자적인 것이다. 예를 들어 루터란주의가 능력과 승리와 세상의 성공을 꿈꾸는 소위 영광의 신학 (혹은 영성) 에 대해, 하나님이 자신을 연약함과 패배와 실패 속에서 계시하시는 *십자가의 신학*으로 대항하는 방식을 생각보라. 혹은 단순히 정보를 제공하는 책으로서가 아니라 은총의 성례전적 수단으로서 하나님의 말씀을 생각해 보라. 혹은 하나님이 그의 신성과는 정반대로 보이는 성례전의 물질적 요소들 속에서, 굴욕과 패배 속에서, 그리고 세속적이고 비종교적으로 보이는 것 속에서, 자신을 숨기시는 방법을 생각해 보라. 혹은 복음 안에서 크리스천의 자유가 주는 유쾌함을 생각해 보라.

미국 문화 속에서의 루터란주의

가톨릭주의와 동방정교회처럼 이민자들의 종교인 루터란 교회는 항상 문화적으로 격리되어왔으며, 미국의 주류를 이루는 다른 개신교회들과의 차이점에 대해 깊이 의식을 해왔다. 독일 루터란은 영국의 식민 통치기간 중 펜실베니아로 이주하였고, 스칸디나비아 루터란은 중서부 상류지역에서 정착하였다. 이들 중 어떤 이들은 자신의 교회도 같이 가져온 반면, 다른 그룹은 다른 이유로 해서 왔다.

19세기 독일에서는, 계몽주의 이후의 통치자들이 다양한 개신교 파벌들을 에큐메니칼적인 하나의 국가교회로 병합시키려는 노력을 기울였다. 칼빈주의자들과 루터란들은 자신의 교리적 특징들을 버리고 "복음적 개혁주의" 교회로 병합되었다. ("복음적"이라는 말은 복음의 중심성을 가리키는 것으로서, 유럽의 루터란들이 "개혁주의적" 칼빈주의자들에 대항하여 사용한 개념이었다. 루터란은 이렇듯 첫 번 복음주의자들이었으며, 정통 복음주의자들이었다고까지 아마 주장할 수 있을 것이다.) 이렇게 형성된 국가교회들은 복음보다는 새로운 농업 기술들과 사회 진보의 교리들을 설교하면서 이성주의적이고 문화적인 종교로 변했다. 이는 독일의 신학교들에서 발전된 새로운 자유주의 신학의 열매였다. 전형적인 독일식 엄격주의를 따라 에큐메니칼 연합에 반대한 목사들은 실제로 투옥되었으며, 소위 "옛 루터란들"(Old Lutherans)은 핍박을 당했다. 전통적인 루터란주의를 고집하는 다수의 교회들이 자신이 소유하고 있던 모든 것을 포기한 채 미국으로 건너가 정착을 했다. (상당수의 사람들이 호주, 아프리카, 브라질과 같은 나라에도 이민을 갔다.)

이들은 미조리 의회와 위스컨신 의회 (이 명칭은 그들의 역사적 기원 장소와 교단 본부의 지명을 가리킨다)와 같은 더 보수적인 루터교단을 세웠으며, 이 교회들은 저들의 역사 때문에 자연히 에큐메니즘에 대해 미심쩍어 한다. 가톨릭교도들처럼, 이 보수적인 루터란들은 공립학교의 개신교적 시민 종교가 그들의 신앙에 해롭다는 것을 알고서, 자녀들의 신앙에 도움이 되는 교육을 시키기 위해 광범위한 교구학교 체제를 구축하였다. 이처럼 이 계통의 루터란들은 미국 주류의 종교적 삶 속으로 동화되는 것에 저항을 했다. 두 왕국 신학의 정신을 따라 그들은 미국 사회와 경제 활동에 아주 잘 동화되었으나, 그들의 교회는 구별되어 부흥운동이나 사회 복음이나 종교적 개인주의나 혹은 미국 종교의 다른 경향들에 의해 영향을 받지 않았다.

그러나 만일 미국 루터란주의의 한 경향이 분리주의라고 한다면, 여기에 반대되는 대립 축으로서 조정주의가 있다. 식민지 시대의 루터란과 스칸디나비아 출신의 많은 이주자들은 종교적 망명-루터란들처럼 그렇게 엄격하지 않았다. 이 루터란들은 매우 일찍 그들의 새로운 조국의 종교 생활에 어느 정도까지 적응해야 할 것인가에 대해 논의를 벌였다. 19세기의 신학자였던 사무엘 슈무커(Samuel Schumuker)는 새로운 부흥운동과 더 개혁교회적인 성례전의 이해에 맞추어 아우그스부르크 신앙고백서를 수정하려고까지 했다. 많은 루터란이 이 방향으로 갔지만, 찰스 크라우트(Charles Krauth)와 같은 신학자는 성공회내의 옥스퍼드 운동과 평행이 되는 한 운동에서 신앙고백주의의 부활과 예배의식의 갱신을 옹호하였다.

그 이후로 미국의 루터란은 분리주의와 조정주의의 양극단 사이에서 동요되었다. 역사적으로 미국 내의 루터란 교단들은 종교적인 주류를 따라가는 경향이 있었다가 다시 그들의 특수성으로 되돌아가곤 했다.

금세기에 루터교 미조리 의회(The Lutheran Church—Missouri Synod, LCMS)는 특히 커다란 정신적 쇼크를 가져 온 내전을 겪어야 했다. 세인트 루이스에 있는 신학원은 차츰 차츰 다른 주류 개신교파들의 성경관을 받아들이기 시작하여 성경의 권위에 대해 의혹을 던지는 역사 비평적 방법을 도입하였으며, 자유주의 신학의 견해들을 받아들였다. 1970년대 들어서 보수주의자들이 성경에 관한 비정통적인 견해를 갖고 있는 "온건파들"을 비난하자, "성경논쟁"이 터져 나왔다. 온건파들은 탈퇴를 하고 자신들의 신학원을 설립하였으며, 각 교회는 어느 편을 서야 할지 결정해야했다. 다른 교파들 안에서 일어난 것과는 달리, 자유주의자들이 떠나고 보수주의자들이 기구의 지배권을 장악했다 (보통 다른 교파에서는 보수주의자들이 떠나는 것이 상례인데).

오늘 루터교 미조리 의회는 유사한 문제점에 직면해 있다.

차이점이라면 더 이상 자유주의가 아니라 복음주의가 미국의 기독교 주류를 이루고 있다는 것이다. 많은 루터교회가 그들의 의식과 그들의 독특한 신앙을 내버리고 있다. 복음주의자들에게 뒤지지 않으려고 하고, 교회 성장 운동 테크닉을 적용하며, "경배와 찬양"을 부르고, 통속 심리학에 대한 설교를 하며, 미국식 개신교를 지지하면서, 정작 자신의 영성적인 유산은 포기하고 있다.

한편 미조리 의회로부터 온건파가 출애굽한 사건은 그보다 더 자유주의적인 루터란들의 연합에 촉매가 되었다. 이 연합의 결과로 생긴 미국복음루터교회(Evangelical Lutheran Church of America, ELCA)는 개신교 주류의 길을 계속 걸어갔다. 여자 목사 안수와 좌파적 정치 성향 그리고 에큐메니칼 운동은 그들의 정체성을 무디게 했으며, 점점 미국 특유의 자유주의적 개신교를 닮아가게 되었다.

어떤 곳에서는 많은 루터란 교회가 있음에도 불구하고, 순전한 루터란을 찾기가 어려워졌다. 그러나 늘 그랬듯이, 추는 다른 방향으로 흔들리기 시작할지 모를 일이다.

루터란 신앙고백주의

오늘날 새로운 신앙고백주의가 루터란 사회에 등장하고 있다. 많은 루터란 교회들이 찬양 밴드와 OHP를 사용하면서 미국 복음주의의 길을 가는 반면, 다른 교회들은 역사적 의식을 재강조하고 있으며, 예배에서 영창을 부르며 십자가의 성호를 긋기도 한다. 많은 교구가 오래된 루터란 관습인 사적 고해와 사면을 다시 제정하였다.

가장 엄격하게 신앙고백적인 루터교 목사들은, 검은 셔츠와 하얀색 성직자 셔츠, 그리고 전통적인 루터란 목회자가 미국식 목사 상의와 넥타이를 채용하기 전에 입었었던 목사 복장을 하고 있는 것으로 알아볼 수 있다. (루터란 목사는 누구나 성직자 셔츠를 입고 있지만, 극도의 신앙고백주의자들은 그것을 늘 입고 다니는 면에서 구별이 된다.)

이 신앙고백주의는 만만찮게 보일 수 있다. 제한된 성찬 (성찬을 교리의 모든 부분에 동의하는 이들에게만 베푸는 것), 진정한 목사의 권위, 개종자들에 대한 엄격한 교리문답 교육, 그리고 대쪽같은 관습들은 (사순절 기간 중에는 결혼식이 없다거나, 장례식 때 추도사를 하지 않는 것과 같은) 미국식의 느긋한 문화 안에서 당혹감을 줄 수 있다. (미조리 의회의 성경논쟁에서, "고[古]교회"의 의식존중주의자들은 자유주의 진영에 서는 경향이 있었다. 오늘날 이들은 신학적으로 정통적이며, 교회내의 복음주의적이고 근본주의적인 경향들에 대항하고 있다.)

루터란은 교리에 있어서는 일치를 고집하지만, 실천에 있어서는 어느 정도의 자유를 허용하고 있다. 이것은 교리에 있어서는 여유를 두지만 예배에 있어서는 일치를 강조하려는 성공회 전통과는 다르다. 미조리 의회나 위스컨신 의회와 같은 보수적인 교단들은 엄격하게 "신앙고백적"이어서 "신앙고백서"의 신조들과 교리들을 떠받들고 있다. 다만 현재 그들은 예배 형식에 대한 논쟁으로 나뉘어져 있다. 스타일이 신앙고백을 표현하는 것이라는 사실이 점점 더 분명해지고 있으며, 위험스러운 문제들이 보수적인 루터 교단들 내에서 분명히 나타나고 있다. 오늘날 대부분의 루터란은 저교회주의적 무정형주의와 고교회적 정형주의의 양극단 사이의 어딘가에 위치해 있다.

그럼에도 불구하고 교리와 예배에 있어 루터란 전통을 회복시키는데 가장 열정적인 신앙고백적 목사들 중 많은 이들이 신학교를 갓 졸업한 이들이라는 것은 의미심장한 일이다. 새로운 세대의 젊은 목사들은 그들의 루터란 특징들을 재발견하는데 있어 가장 열심을 두고 있는 이들 같다.

그런 한편 루터란은 일부 개종자들을 얻기 시작하고 있다. 개종자들은 불만을 품은 복음주의자들 — 이들은 초대형 교회들의 희생자들과 전형적인 미국식 개신교로부터 망명하려는 이들, 그리고 의미 있는 예배와 신학적 깊이를 구하는 크리스천들인데 — 뿐만 아니라, 제2차 바티칸공의회 이후의 교회 내 자유주의에 실망한 가톨릭교도들과, 인생의 의미를 상실한 채 살다가 율법에 의해 깨어지고 복음에 의해 갱신되어 그리스도께로 돌아 온 세속주의자들이다.

보수주의적인 루터란은 에큐메니칼하지 않다. 그들은 결코 미국복음주의연합(National Association of Evangelicals)이나 세계교회협의회(World Council of Churches)에 가입하지 않을 것이다. 루터란 기관들은 학교, 대학, 출판사 그리고 교단적 제반 기구들을 갖춘 대형 규모이기 때문에 고립될 수 있고 독자적일 수 있다. 미국복음루터교회(ELCA: Evangelical Lutheran Church in America)가 개혁교회, 성공회 그리고 심지어는 가톨릭교회와의 에큐메니칼 대화에 — 로마와 함께 이신칭의에 관한 동의를 이끌어냈다고 주장할 정도까지 — 선두를 서왔으나, 미조리의회와 위스컨신의회는 그 어느 것도 원치 않는다. (ELCA안에서도 신앙 고백적인 운동이 점차 일어나고 있다는 것을 강조해야 한다. 물론 이러한 운동은 기구적인 체제와 종종 마찰을 빚곤 하지만.) 에큐메니칼 연합에 대한 신중함, 특히 미국식 기독교 연합에 대한 신중함 때문에 두 의회는 주류에 가담하지 않았다. 그러나 그로 인해 그들은 자신의 신학에 비교적 충실하였다.

진정한 에큐메니칼 운동은 기독교의 특징적인 본질을 비워 버리는 것을 피해야 한다. 그리고 가장 두드러진 특징과 가장 "기독교적인 것"을, 전통적인 가톨릭주의로부터 개신교 근본주의에 이르는 기독교 신앙의 전체 스펙트럼 안에서 확정해야 한다. 루터란주의는 에큐메니즘 자체를 피하긴 하지만, 그것이 실천될 수 있는 틀 혹은 일련의 양극성을 제공한다.

많은 신앙고백적 루터란은 자신들을 "복음주의적 가톨릭 교도"라고 부르기 시작했다. 그들은 자신들의 역사적 신조와 예배와 성례전에 있어서는 가톨릭적이며, 그리스도께서 십자가 안에서 기독교적 자유의 삶을 위해 우리를 순전한 은혜로 구원하셨다는 그리스도의 복음을 신뢰하는데 있어서는 복음적이다.

다른 이들은 자신들을 "신앙고백적 복음주의자들"이라고 부르고 있다. 이들은 교리적으로 깊이가 없는 오늘날의 복음주의자들을 종교개혁이 세운 신앙 고백으로 불러오기 위해 개혁교회교인들과 동맹을 맺고 있다. 루터란 관점에서 볼 때, 골수 가톨릭교도는 복음적 종교개혁을 필요로 하며, 골수 복음주의자들은 역사적 정통주의를 필요로 한다. 어떻게 이 두 사명이 실행될 수 있을지를 보여주는 신학적 고백문은 『일치서』(The Book of Concord) 라고 적절히 제목이 붙은 모음집에 들어있다.

추가적 연구를 위한 자료들

이 책은 겨우 수박겉핥기 식으로 루터란 영성을 다루었을 뿐이다. 이 주제에 대해 더 깊이 들어가기를 원하는 분들을 위해 몇 권의 책을 소개한다. 물론 루터란 신학의 가장 훌륭한 내용은 심오한 신학자였으며 번뜩이는 저술가였던 말틴 루터의 저술에서 발견할 수 있다. 그의 작품은 결코 이론적이거나 추상적인 신학이 아니고 개인적이고 심오한 영성을 담은 명상물로서, 간혹 독설도 있지만, 유머도 있고, 자신의 영적 싸움에 대한 솔직한 이야기도 있으며, 성경에 대한 관통하는 통찰력도 있다. 그의 『갈라디아서 강해』나 『로마서 강해』와 같은 성서 주석들로부터 시작하면 좋은 출발이 될 것이다.

또 다른 일차적 자료는 『일치서』(The Book of Concord)로 알려진, 루터란 신조들과 신앙고백서들의 모음집이다. 이 중, 특히 루터의 『대교리문답서』와 루터란 가르침에 대한 입문으로서 무진장의 보고인 『소교리문답서』가 유익하다.

그 외에, 이 책과 나의 이해에 영향을 준 몇 권의 책이 있다.

또한 어떤 목사님에게나 추천을 의뢰할 수 있고, 목사님 자신에게 개인적으로 물어볼 수도 있다.

C. F. Walther, The Proper Distiction between Law and Gospel. Trans. W. H. T. Dau. St. Louis: Concordia Publishing House, 1986. (이 책은 한국어로 출판되었다: 『율법과 복음』, 지원용 역편, 서울: 컨콜디아사, 1993 — 역자 주). 19세기 미국 루터란주의의 아버지이며 미조리 교회의 설립자이기도 한 월터는 루터란에 있어서 특유한 율법과 복음의 구별에 대하여 이 고전적인 해설을 저술하였는데, 이 책은 단순한 신학적 저술 일뿐만 아니라 훌륭한 경건 서적으로도 사용될 수 있다.

John Theodore Mueller, Christian Dogmatics. St. Louis: Concordia Publishing House, 1951. 이 책에는 내 책에서는 없는 증거본문들(proof texts), 토론들, 논쟁들, 주제들의 조직적인 취급이 나와 있다. 뮐러는 프란시스 피퍼(Francis Pieper)의 여러 권짜리 조직 신학서에서 발견되는 훨씬 더 철저한 논의에 의지하고 있다.

Walther von Loewenich, Luther's Theology of the Cross. Trans. Herbert J. A. Bouman. Minneapolis: Augsburg, 1976. 의미심장한 교리에 대한 풍부한 개관이다. 이 교리에 대해서는 좋은 책들이 여러 권 쓰여 졌다.

Richard C. Eyer, Pastoral Care under the Cross: God in the Midst of Suffering. St. Louis: Concordia Publishing

House, 1994. 내 동료이자 친구이며 현재 병원 원목으로 수고하고 있는 저자가 십자가의 신학을 실질적인 인간의 고통에 적용하고 있다.

Senkbeil, Harold. Sanctification: Christ in Action. Milwaukee: Northwestern Publishing House, 1989. 루터주의와 전형적인 미국형 복음주의간의 명쾌한 대조를 나타내는 책이다.

_____. Dying to Live. St. Louis: Concordia Publishing House, 1997. 나의 조언자들 중의 한 사람이 된 목사님이 교회력, 예배 의식, 말씀, 그리고 성례전에 대해 묵상한 책.

Koeberle, Adolf. The Quest for Holiness. Trans. John C. Mattes. Minneapolis: Augsburg, 1938; reprinted, Evansville, IN: Ballast Press, 1995. 루터란 평신도인 George Strieter는 절판 되었거나 구하기 힘든 영성에 관한 고전들을 재인쇄하는, 더할 수 없이 귀한 서비스를 제공하고 있다. 영적인 삶에 대한 해설인 이 책은 말할 수 없이 심오하다. 주문은 Ballast Press, P. O. Box 1193, Evansville, IN 47706-1193에 하거나 또는 Mr. Strieter의 사무실(1-800-335-4672)에 전화를 걸어서 할 수 있다.

Wingren, Gustaf. Luther on Vocation. Trans. Carl C. Rasmussen. Minneapolis: Augsburg; reprinted, Evansville, IN: Ballast Press, 1994. (이 책은 한국어로 출판되었다:『크리스

찬의 소명: 크리스찬의 사회적 기능』, 맹용길 역, 서울: 컨콜디아사, 1975 — 역자 주) 단지 일에 대해서만 아니라, 크리스천의 삶에 대한 책. 이 책은 일상적인 삶을 바라보는 방법을 변화시킬 수 있다. 주문은 Ballast Press, P. O. Box 1193, Evansville, IN 47706-1193에 하거나 Mr. Strieter의 사무실(1-800-335-4672)에 전화를 걸어서 할 수 있다.

Gerhard, Johann. Sacred Meditations. Decatur, IL: Repristination Press, 1998. 심오한 깊이의 경건서적이며 루터란 영성의 고전. 1606년 당시 22세의 신학자였던 저자에 의해 처음으로 출판하였다. Repristination Press, 3555 Plover Drive, Decatur, IL 62526; e-mail: HUNNIUS@aol.com 에서 루터란 고전들을 재인쇄하고 있다.

Sasse, Hermann. We Confess. 3 vols. Trans. Norman Nagel. St. Louis: Concordia Publishing House, 1984-1986. 예수 그리스도와 성례전과 교회에 관한 이 세 개의 짧은 책자들은 히틀러에 대항하여 싸웠고, 현대적 상황에서 타협하지 않고 자신의 신앙을 분명히 표현한 한 신학자의 작품에 대한 좋은 서론이다. Sasse의 글은 깊이가 있으며 신학적으로 풍부하지만, 신앙도 고취시키며 영성적인 내용을 담고 있다.

Giertz, Bo. The Hammer of God: A Novel about the Cure of Souls. Trans. Clifford Ansgar Nelson. Minnepolis: Augsburg, 1960. 스웨덴 루터교회의 감독이 쓴 이 소설은 일상의 삶에서 실천되는 루터란 영성의 역동성을 소설화한 것이다.

이 소설은 자신의 삶 속에서와 목회에서 경건주의와 근대주의와 같은 다양한 영성들을 다루어야만 했던 3세대에 걸친 루터교 목사들의 이야기를 다루고 있다.

십자가의 영성 : 최초 복음주의자들의 길

초　판 1 쇄 / 2004년 10월　31일

지 은 이 / Gene Edward Veith, Jr
옮 긴 이 / 엄　진　섭

발 행 인 / 이　홍　열
편 집 인 / 유　영　탁

발 행 소 / 도서출판　컨콜디아사
　　　　　(기독교 한국 루터회 총회 출판홍보국)
　　　　　서울 송파구 신천동 7-20 루터회관 5층
　　　　　(전화)412-7451, 7453 (팩스)418-7457
　　　　　등록 / 1959년 8월 11일(제3-45호)

인　　쇄 / 보광문화사(854-6501)

책　　값　6,000원

ISBN 89-391-0106-5